COMMENT SE FAIRE DES AMIS
À L'ÈRE NUMÉRIQUE

ET ACCROÎTRE SON INFLUENCE

DALE CARNEGIE & ASSOCIÉS
avec BRENT COLE

COMMENT
SE FAIRE DES AMIS
À L'ÈRE NUMÉRIQUE

ET ACCROÎTRE SON INFLUENCE

Traduit de l'anglais (États-Unis) par Anne Bleuzen

PRESSES DU CHÂTELET

Titre original :

How to Win Friends & Influence People in The Digital Age
Publié par Simon & Schuster, Inc., New York, 2011.

SOMMAIRE

Pourquoi les conseils
de Dale Carnegie
sont toujours d'actualité

En 1936, Dale Carnegie marqua ses premiers lecteurs en affirmant que « le pouvoir d'influencer ses semblables est indispensable à tout homme qui vit en société ». Cette idée, fondement même du best-seller *Comment se faire des amis*, est toujours vraie aujourd'hui. Mais l'art des relations humaines est devenu plus complexe. La communication est désormais instantanée. Les médias se sont multipliés. Les réseaux s'étendent au-delà des frontières, des secteurs d'activité et des idéologies. Loin de disqualifier les enseignements de Dale Carnegie, ces changements majeurs les ont au contraire rendus plus pertinents que jamais. Ils constituent la base de toute communication efficace, que vous vouliez lancer une nouvelle marque, présenter des excuses à votre conjoint(e) ou convaincre des investisseurs de vous suivre. Si vous partez sur de mauvaises bases, vous risquez fort d'envoyer le mauvais message, de blesser l'autre ou de ne pas atteindre vos objectifs. « La précision de la communication, insistait l'écrivain américain James Thurber en 1961, est plus que jamais importante, à notre époque d'équilibres fragiles où un mot mal choisi ou mal compris peut avoir des conséquences aussi désastreuses qu'un acte irréfléchi. »

Considérez l'époque d'équilibres fragiles dans laquelle nous vivons aujourd'hui, plus de cinquante ans plus tard. Les enjeux sont encore plus grands. Il est plus difficile d'y voir clair dans la profusion des médias. Chaque mot, chaque signal non verbal, chaque regard est examiné comme jamais auparavant. Un faux pas peut entraîner des conséquences bien plus importantes. Pourtant, de votre premier « bonjour » à votre dernier « bonsoir », toute interaction quotidienne représente une opportunité de vous faire des amis et d'influencer les autres d'une manière constructive. Ceux qui y parviennent chaque jour réussissent leur vie. Mais ce genre de succès a un prix que certains ne sont pas prêts à payer. Ce n'est pas aussi simple que de devenir un bon publicitaire ou un virtuose des médias sociaux.

« L'art de communiquer est le langage du leadership », a dit James Humes, rédacteur des discours de plusieurs présidents américains. En d'autres termes, la capacité à communiquer, grâce à laquelle on acquiert de l'influence, tient autant au messager qu'au moyen de communication utilisé. Ce livre vous convaincra de cette vérité, comme il a convaincu plus de cinquante millions de lecteurs à travers le monde, parmi lesquels des leaders internationaux, des sommités des médias, des magnats des affaires et des auteurs à succès. Tous ont fini par comprendre qu'il n'existe pas d'interaction neutre : on laisse toujours quelqu'un un peu mieux ou un peu moins bien qu'il n'était juste avant. Il suffit aux plus habiles d'un signe de tête, d'une inflexion de la voix, du moindre contact pour faire en sorte que les autres se sentent un peu mieux.

Cette seule idée mise en pratique au quotidien produit des résultats considérables.

Vos relations avec les autres s'amélioreront et votre influence sur eux grandira. Mais ce sera le cas parce que l'entraînement quotidien révélera en vous un caractère plus ouvert et davantage de compassion. Ne sommes-nous pas tous motivés par l'altruisme ?

« Vous pouvez vous faire plus d'amis en deux mois en vous intéressant aux autres que vous ne vous en ferez en deux ans en tentant de les intéresser. » Cette affirmation de Dale Carnegie reste pertinente, même si elle va à l'encontre de l'intuition, parce qu'elle nous rappelle que le secret des relations humaines est une certaine abnégation, engloutie par la vague de l'ère numérique. Notre époque est dominée comme jamais par la réalisation de soi et l'autopromotion. Sur YouTube, certaines vidéos telles que « Double Rainbow » parviennent à faire le tour de la planète, obtenant en quelques semaines une visibilité mondiale qui nécessitait autrefois, au prix d'énormes efforts, des années, voire des décennies. On devient célèbre du jour au lendemain parce qu'une *sex-tape* a soi-disant « fuité ». Les commentateurs et autres experts voient leur cote augmenter quand ils écrasent leurs interlocuteurs dans les débats. Jour après jour, on nous pousse à croire que la meilleure stratégie publicitaire est un mélange d'artifices et de parodie diffusé sur les médias viraux. Pour beaucoup, la tentation est trop grande. Mais pour ceux qui comprennent les bases des relations humaines, il existe une autre manière de procéder, bien meilleure, plus honorable et plus viable.

La réalisation de soi et l'autopromotion ne sont pas mauvaises en soi. Le problème survient lorsque l'on garde toute cette énergie pour soi. Vous êtes un être humain parmi sept milliards : vous ne pouvez pas vous développer uniquement pour vous.

Plus vite vous laisserez cette vérité imprégner votre manière de communiquer, plus vite vous verrez que le chemin le plus court vers la réussite personnelle ou professionnelle n'est pas de vous mettre en avant mais de vous ouvrir aux autres. Personne n'a montré la voie aussi clairement que Dale Carnegie. Et pourtant, même lui n'aurait peut-être pas imaginé que le chemin de la communication positive connaîtrait une si brillante postérité.

Communiquer ne suffit pas

Nos interactions sont aujourd'hui si fréquentes que le sens du contact est un atout plus prisé que jamais. Mais la capacité d'influence ne se limite pas à savoir communiquer.

La communication n'est que la manifestation extérieure de nos pensées, de nos intentions et de notre vision des gens qui nous entourent. « Car c'est du trop-plein du cœur que la bouche parle » (Matthieu, 12 : 34). Ces motivations internes constituent la principale différence entre un authentique leader et un profiteur.

Les deux plus hauts niveaux d'influence sont atteints lorsque les gens vous suivent, soit en raison de ce que vous avez fait pour eux, soit en raison de ce que vous êtes. En d'autres termes, lorsque les maîtres mots de votre comportement sont la générosité et la fiabilité. Tel est le prix d'une influence véritable et durable, qu'elle opère sur deux ou deux millions de personnes. Et pour que les deux parties en retirent un bénéfice, la générosité et la confiance doivent être communiquées avec tact et authenticité.

À une époque où l'on peut acheter le pouvoir d'influence des célébrités, où il suffit de crier plus fort que les autres pour attirer l'attention médiatique, chaque occasion de communiquer est d'autant plus cruciale, chaque message doit d'autant plus édifier la confiance, exprimer votre reconnaissance et valoriser ses destinataires. Si une chose n'a pas changé depuis l'époque de Dale Carnegie, c'est bien la différence entre l'influence que l'on achète (et qu'il est difficile de maintenir) et celle que l'on mérite (et qui est aussi stable que l'axe de rotation de la Terre). Carnegie était passé maître en la matière.

Prenez quelques-uns de ses principes fondamentaux : ne critiquez pas, ne condamnez pas, ne vous plaignez pas ; parlez de ce qui intéresse les autres ; si vous avez tort, admettez-le ; ménagez l'amour-propre de votre interlocuteur. De tels principes ne vous permettent pas de briller en société ni de devenir un orateur hors pair. Ils vous rappellent qu'il faut penser aux besoins des autres avant de parler. Ils vous incitent à aborder les sujets difficiles avec honnêteté et courtoisie. Ils vous poussent à plus de prévenance et d'amabilité en tant que manager, conjoint, collègue, vendeur ou parent. En fin de compte, ils vous mettent au défi d'augmenter votre influence sur les autres non par une quelconque mise en scène ou manipulation, mais en faisant preuve de plus de respect, d'empathie et d'élégance.

Votre récompense ? Des amitiés riches et durables. Des relations de confiance. Un leadership irrésistible. Et à l'heure des égocentrismes en tout genre, une marque de fabrique bien à vous.

On dit du livre originel de Dale Carnegie qu'il est le plus grand best-seller de tous les temps parmi les livres de développement personnel. D'un point de vue actuel, cette appellation est impropre. Carnegie ne parlait pas de « développement personnel ». C'est le nom que l'on a donné au genre inauguré par le succès phénoménal de *Comment se faire des amis*. L'ironie est que Carnegie n'approuverait pas tous les conseils actuels de développement personnel. Il exaltait les comportements nés d'un réel intérêt pour les autres. Il enseignait des principes sous-tendus par le plaisir d'aider les autres à réussir. Si l'on devait classer son livre dans une catégorie, ce serait celle du développement de l'âme. Car c'est la spiritualité sous-jacente à la Règle d'or que Carnegie a si bien mise en relief.

Les principes que vous allez découvrir représentent plus que des leviers de développement personnel. Ce sont des moyens authentiques de réaliser des progrès durables et féconds dans vos conversations, vos collaborations, votre entreprise. Les conséquences en sont considérables. En appliquant ces principes, non seulement vous deviendrez une personne plus convaincante, capable d'exercer davantage d'influence sur son entourage, mais vous rendrez service aux autres chaque jour. Imaginez cet effet multiplié par les dizaines d'interactions quotidiennes que vous offre l'ère numérique. Imaginez le résultat si des dizaines de personnes, dans une organisation, faisaient de même. De nos jours, se faire des amis et influencer les gens n'est pas une mince affaire. Chaque fois que l'occasion se présente, c'est votre meilleure chance de réaliser des progrès relationnels durables. Et quel succès ne trouve pas son origine dans une relation humaine ?

Place aux qualités relationnelles

Le monde de l'entreprise tend à jeter un regard condescendant sur les compétences relationnelles, ainsi que l'on a appelé les principes de Carnegie, les considérant au mieux comme complémentaires aux compétences techniques. C'est une vision du passé. Un changement de paradigme est nécessaire si vous voulez tirer le meilleur profit de vos interactions, sans parler de ce livre. Les compétences relationnelles, telles que la compassion et l'empathie, élèvent les compétences techniques à un rare niveau d'efficacité. Pourquoi ? Parce que la

productivité opérationnelle, la synergie organisation-
nelle ou la pertinence commerciale requièrent toutes un
profond engagement humain. Entre le manager enfermé
dans son bureau à étudier ses dossiers et celui qui va
au contact de son équipe, qui le connaît et le respecte,
lequel est le meilleur ? Le premier peut remporter des
succès en se forçant la main le temps nécessaire, mais
son influence est forcément fragile, parce que son équipe
ne reconnaît pas sa légitimité. Il ne bénéficie que d'un
vernis de pouvoir qui s'écaillera rapidement.

Dans son livre *Derailed*[1], le psychologue d'entreprise
Tim Irwin décrit la chute de six dirigeants de premier
plan dans les années 2000. L'incapacité à créer un lien
tangible et profond avec leurs employés est à l'origine
de chacun de ces échecs. En d'autres termes, chaque
«déraillement» fut le résultat d'un excès de compétences
techniques associé à un déficit de compétences relationnelles – l'expertise professionnelle sans le pouvoir
d'influence. Nous ne sommes pas à l'abri de tels échecs.
Les leurs ont été rendus publics, mais les nôtres sont
souvent aussi manifestes.

Nous perdons la confiance de nos amis, de notre famille
et des autres lorsque nous courons après le succès dans
les relations humaines sans nourrir l'essence même
de ces relations – sans prendre la mesure des besoins
humains et y répondre.

Comment se fait-il que tant de gens bien intentionnés
ne comprennent pas cela ? Peut-être la nature insaisis-

---

1. Thomas Nelson Publishers, 2012.

sable des compétences relationnelles nous induit-elle en erreur. Il est plus facile de s'appuyer sur ce qui est mesurable.

Les compétences techniques peuvent être évaluées, enseignées et transmises. C'est dans cet esprit que sont rédigés la plupart des livres de management, parce qu'il est aisé de suivre les progrès – individuels ou collectifs – de ces savoir-faire à travers des tableaux et des indicateurs.

Rien de tel concernant les compétences relationnelles. Il n'est pas toujours facile de les décomposer en paliers de progression. On ne peut les mesurer que de manière approximative, en considérant la qualité d'une réaction ou l'amélioration d'une relation. Et pourtant, n'est-ce pas là le plus important ? À quoi servent les réussites si les relations humaines régressent ? Quand un progrès se limite à la valorisation de soi, il ne dure pas.

Avons-nous envie de conserver notre amitié à ceux dont les actes prouvent, jour après jour, que ce sont eux qui comptent dans la relation ? Quand nous découvrons que l'attitude d'un proche était motivée par une arrière-pensée, notre confiance en lui s'amoindrit et nous nous laisserions davantage influencer par un quasi-inconnu. La relation est condamnée, à moins que cette personne ne s'amende et ne change. Et même alors, le doute persiste.

Sur un plan moins personnel, restons-nous fidèles aux marques qui prouvent régulièrement leur incapacité ou leur refus de comprendre nos besoins et nos désirs ? Le temps est bien loin où les entreprises expliquaient à leurs clients ce qu'il leur fallait. De nos jours, ce sont les acheteurs qui décident en grande partie du design, de la fabrication et du marketing. Les « produits verts » n'ont d'abord été qu'un modeste thème de campagne publicitaire. La volonté collective des consommateurs en a fait un leitmotiv marketing.

Négliger les compétences comportementales aujourd'hui, que l'on soit un individu ou une entreprise, c'est se tromper d'objectif.

Certains vous diront que ce genre de qualités ne s'apprend pas. Ce n'est pas faux, si l'on envisage de les enseigner comme des compétences techniques. Une erreur que Dale Carnegie n'a pas commise. Il a découvert que les instincts altruistes se révèlent non pas en suivant quelque méthode rationnelle, mais en accomplissant nos désirs véritables. Quand nous nous comportons de manière amicale et positive envers les autres, nous puisons à une source profonde d'inspiration et de sens, qui nous nourrit.

Le besoin d'une communication honnête – comprendre et être compris – est solidement ancré en chacun de nous. Mais aussi celui d'un lien véritable – être connu, accepté et valorisé. Et, encore au-delà, celui d'une collaboration fructueuse – travailler ensemble à de grandes réalisations, qu'il s'agisse d'un succès commercial, d'une réussite professionnelle ou d'une longue relation d'amitié. L'essence suprême de la réussite se situe quelque part entre créer une authentique relation humaine (se faire des amis) et exercer un impact durable et positif (influencer les gens). « Il n'est qu'un luxe véritable, a écrit Saint-Exupéry[1], et c'est celui des relations humaines. »

Comment mobiliser ce savoir-être dont dépend la possibilité d'une communication honnête, d'un lien véritable et d'une collaboration fructueuse ?

Nous devons d'abord nous rappeler que les succès relationnels ne se mesurent pas à l'aune de l'audience conquise (les médias utilisés, le nombre d'amis, de « fans » ou de « suiveurs ») mais du sens exprimé. Mettez du sens dans chacune de vos interactions et vous augmenterez vos chances de succès. Pourquoi ? Parce que les gens le remarquent. Et qu'ils s'en souviennent. Ils sont touchés quand leurs échanges avec vous les laissent un peu meilleurs.

C'est le sens qui produit l'efficacité, quel que soit le moyen de communication. Une fois que vous avez quelque chose d'intéressant à proposer, il ne vous reste plus qu'à choisir le média le plus approprié. Mais si vous faites passer le contenant avant le contenu, votre message risque de devenir, selon les mots de Shakespeare, « une histoire racontée par un idiot, pleine de bruit et de fureur, qui ne signifie rien[2] ». L'avènement de Twitter et de Facebook, tout en offrant des moyens très pratiques de garder le contact avec ses amis, sa famille et ses collègues, a provoqué une avalanche de bruit et de fureur. Mais le risque du vide ne concerne pas seulement les messages de cent quarante caractères ou moins. Tout

---

1. *Terre des hommes*.
2. *Macbeth*, acte V, scène 5.

média véhiculant un message dénué de sens manquera son but : une publicité télévisée, une note de service, un courriel à un client, une carte d'anniversaire.

Avec si peu de médias à son époque, Carnegie n'avait pas à se préoccuper vraiment des deux parties de l'équation. Il pouvait se concentrer sur la manière de donner du sens, en personne, par téléphone ou par courrier. Aujourd'hui, nous devons nous pencher à la fois sur le fond de nos messages et sur la manière de les communiquer.

Des conseils simples pour le monde actuel

« Les simplicités nous délassent des grandes spéculations », a écrit Vauvenargues. La raison pour laquelle *Comment se faire des amis* se vend toujours aussi bien aujourd'hui, dépassant les 250 000 exemplaires aux États-Unis en 2010, est que les principes qu'il défend sont simples mais intemporels. La sagesse qui les sous-tend est à la fois élémentaire et sublime. Depuis le premier cours de Carnegie sur le sujet, en 1912, ses vérités ont mis en lumière les manières les plus efficaces de devenir une personne dont les autres recherchent l'opinion et les conseils.

En réécrivant ce classique aujourd'hui, il ne s'agit donc pas d'évincer ses recommandations. Les pages que vous allez lire s'inscrivent dans un autre contexte : leur ambition est d'adapter les enseignements de Carnegie à un monde totalement différent – d'observer ses principes immortels à travers un prisme actuel et de les appliquer dans un état d'esprit nouveau. Les occasions de se faire des amis et d'influencer les gens sont aujourd'hui infiniment plus nombreuses qu'à l'époque de Dale Carnegie. Mais si l'on gâche ces occasions, leur nombre importe peu puisque « l'univers entier, à une dérisoire exception près, est [toujours] composé des autres[1] ».

Tom Butler-Bowdon, l'auteur de *50 classiques de la spiritualité*[2], a raison de dire, à propos de *Comment se faire des amis*, qu'« il y a une étrange contradiction entre l'insolence de son titre et l'essentiel de son contenu ». Si vous lisez ce titre avec les lunettes du scepticisme ambiant, vous risquez de passer à côté de sa magie. Ce livre est avant tout un traité sur la manière de réaliser un cocktail inégalé d'empathie véritable, de relations stratégiques et de leadership généreux.

Il ne faut pas oublier qu'au temps de Carnegie les nombreuses manières d'afficher un vernis d'identité (les sites Internet, Facebook, LinkedIn, Twitter) ou de convaincre à grand renfort d'artifice (les publicités en pop-up, les ambassadeurs de marque) n'existaient pas. Se faire des amis ne se réduisait pas à cliquer sur un bouton « Accepter ». L'idée d'influencer les gens n'était pas encore entachée par un demi-siècle d'inflation publicitaire, de publicités mensongères et de double discours de la part des élites. Carnegie avait une bonne raison de donner un tel titre à son livre.

---

1. Dr John Andrew Holmes, *Wisdom in Small Doses*, University Publishing Company, 1927.
2. Petite Bibliothèque Payot, 2012.

À l'époque, il était presque impossible d'influencer une personne avec laquelle on n'entretenait pas un lien d'amitié. Les médias sociaux n'existaient pas. Les relations virtuelles non plus. En fait, on ne faisait que rarement affaire avec quelqu'un qu'on ne connaissait pas en chair et en os. Monsieur Tout-le-monde avait seulement trois manières de contacter quelqu'un : en le rencontrant, en lui envoyant un courrier ou en lui téléphonant. La rencontre *de visu* était la norme. Aujourd'hui, c'est l'exception.

L'influence indirecte, due à la célébrité ou au statut social, existait déjà en ce temps-là, mais elle était loin d'être aussi rapide ou contagieuse qu'aujourd'hui. L'amitié constituait le premier vecteur d'influence au quotidien. On se faisait des amis avec une solide poignée de main, un sourire chaleureux et des actes généreux. Et l'on méritait le pouvoir d'influence dont cela nous créditait auprès d'eux. De nos jours, le lien de cause à effet n'est pas si net.

Prenez la liste des « cent personnalités les plus influentes du monde » parue dans le magazine *Time* en 2010. Lady Gaga a fait son entrée dans le classement, avec plus de six millions de suiveurs sur Twitter. Il n'y a pas lieu de discuter l'influence qu'elle exerce sur ses fans – dont le nombre a depuis dépassé les dix millions. Il suffit qu'elle apprécie telle marque de chaussures ou telle eau pour que les ventes de ces produits décollent. Le vrai sujet de discussion, c'est la valeur qu'elle attribue à ses relations et la finalité de son influence. Si elle cherche à atteindre la meilleure qualité dans les deux cas, son influence représente alors une force considérable. Si elle ne cherche qu'à faire monter les statistiques, elle gagnera davantage d'argent mais son impact ne dépassera pas celui d'une campagne publicitaire de luxe pour Polaroid.

La valeur intrinsèque de l'influence n'a pas changé. C'est toujours la monnaie du progrès dans les relations humaines. Mais avec la profusion actuelle des moyens de communication, il est désormais possible de s'en procurer à prix discount. Et la qualité est toujours à la hauteur de ce que l'on paie.

Dans un monde où « bruit + nudité = célébrité », ce livre ne vous propose pas de racoler des amitiés ni d'exploiter votre pouvoir d'influence. Un tel comportement ne serait « qu'une comédie », comme l'a écrit Carnegie. Ce livre est un manuel de relations humaines qui « vient du cœur ». Il s'agit de vous faire des amis à la manière dont votre grand-père a su conquérir le cœur de votre grand-mère – grâce à un intérêt authentique, à une empathie profonde et à une admiration sincère. Et il s'agit d'obtenir un bénéfice mutuel de l'influence durable qui naîtra de ces relations.

Il existe une manière efficace d'y parvenir, que Carnegie a parfaitement décrite. Soixante-quinze ans plus tard, ses principes sont toujours valables, mais quelques définitions ont changé et des ramifications sont apparues. Ce livre devra donc apporter de nouvelles explications et applications. Comment comprendre et utiliser les principes de Carnegie dans le monde numérique ? On trouvera quelques indices dans des classements qui n'existaient pas de son temps, comme celui des «entreprises les plus admirées», publié par le magazine *Forbes*, celui des «dirigeants les plus performants du monde», de la *Harvard Business Review*, et celui des «cent personnalités les plus influentes», de *Time*, déjà évoqué. Ces indices – parfois des mises en garde – servent de points de repère pour comprendre le contexte dans lequel s'inscrivent aujourd'hui les relations humaines de qualité. Dans l'esprit du livre originel, les pages qui suivent vous rappelleront aussi constamment que nos raisons d'agir sont plus importantes que nos actes.

Nul besoin de se déconnecter et de redécouvrir les vertus du télégramme pour appliquer les principes de Carnegie aujourd'hui. Ce n'est pas si compliqué. Mais ce n'est pas non plus aussi simple que d'injecter un peu d'humanité dans tous les compartiments de votre monde virtuel. En général, la meilleure solution est un subtil dosage de touche personnelle et de présence numérique.

Cela commence par une évaluation honnête de votre situation actuelle. À partir de là, la manière de progresser dans vos relations humaines est claire.

Quelle est la part du réel et du virtuel dans vos relations avec les autres ? Pour la plupart des gens, les principaux moyens de correspondance sont les courriels, les SMS, les blogs, les tweets et les messages sur Facebook. Voilà qui représente certains avantages et inconvénients nouveaux. En nous reposant à ce point sur la communication virtuelle, nous perdons un aspect essentiel des relations humaines : le langage non verbal. À l'annonce d'une mauvaise nouvelle, il est difficile d'exprimer sa compassion sans poser la main sur l'épaule de l'autre. Pour expliquer une nouvelle idée, il est difficile d'être aussi convaincant par téléphone que face à son interlocuteur. Combien de fois le destinataire d'un courriel vous a-t-il appelé pour désamorcer une tension alors que, pour vous, il n'y avait aucun problème?

Sans le langage non verbal, les émotions sont difficiles à exprimer. L'avènement de la vidéo a levé quelques barrières, mais elle ne représente qu'une petite partie de la communication numérique. Et rien ne vaudra jamais une rencontre en chair et en os. C'est ce que fait ressortir le film *In the Air*, de Jason Reitman (2010). Ryan Bingham (George Clooney), un spécialiste du licenciement, est dépêché aux quatre coins des États-Unis par des entreprises qui ne veulent pas se charger elles-mêmes de renvoyer leur personnel. Bingham excelle dans son travail, où il doit mettre les gens à la porte avec dignité, voire enthousiasme. Dans son discours, il encourage chacun à saisir sa nouvelle liberté et à la vivre pleinement. Il s'oppose même à son patron qui, dans un souci de réduire les dépenses, lui demande de ne plus se rendre sur place mais de licencier les gens par vidéoconférence. Le grand paradoxe, dans cette histoire, est que Bingham est un homme seul, sans aucune relation véritable, pas même avec sa petite sœur – il n'a aucune envie d'aller à son mariage. L'étonnante capacité qu'il semble avoir à entrer en empathie avec ceux qu'il licencie cache en fait un profond détachement affectif. Une expérience personnelle finira par lui ouvrir les yeux sur le sens profond des relations humaines.

Dans ce monde numérique, la pleine valeur d'une relation humaine est souvent troquée contre une profusion d'échanges. Beaucoup maîtrisent l'art paradoxal de multiplier les points de contact tout en perdant le contact. Le remède n'est ni dans la préservation de soi (à la Ryan Bingham) ni dans la pratique, excitante mais creuse, d'un art de se vendre outrancier. La première est une erreur philosophique ; la seconde, une erreur stratégique.

La limite de la productivité actuelle se situe au point précis où le progrès dans les relations humaines est supplanté par le progrès tout court. Souvent, c'est tout simplement la vitesse des échanges qui brouille notre jugement. Comme on pense que les autres attendent une réponse immédiate (ce qui est notre cas), on ne prend pas le temps de la préparer avec soin ; on néglige les subtilités de la politesse ; on se dit : « Il m'est impossible d'appliquer ces principes quand j'écris un courriel ou un commentaire sur un blog, quand je participe à une conférence virtuelle où je n'ai même pas l'assurance de me faire entendre… » Mais c'est pourtant là que les principes de Carnegie sont les plus précieux. C'est dans ces échanges quotidiens, banals, qu'un comportement altruiste se démarque le plus facilement.

Lorsque l'on rencontre quelqu'un pour la première fois, on s'attend légitimement à un état d'esprit courtois, tout comme lors des rendez-vous qui suivront. On est sensible à cette même courtoisie lorsque l'on croise quelqu'un dans l'ascenseur ou que l'on reçoit un rapport d'avancement hebdomadaire. Dans une publicité ou un discours de mariage, on est ému par des mots simples et cordiaux. Et c'est encore cette même cordialité qui nous touche dans une réponse par courriel ou SMS sur un sujet banal.

La différence, comme l'on dit, est dans les détails – les détails souvent subtils de nos interactions quotidiennes. Pourquoi de tels détails comptent-ils toujours à l'ère numérique ? Parce que « celui qui possède la connaissance de son métier, plus le pouvoir d'influencer ses collaborateurs, s'élève vers le succès ». Il est extraordinaire de constater à quel point les mots de Carnegie sont encore plus vrais aujourd'hui.

PREMIÈRE PARTIE

L'ESSENTIEL DE L'ENGAGEMENT

1

Rangez vos boomerangs

Si l'on avait demandé à Adolf Hitler et Martin Luther King de définir l'influence, ils auraient sans doute donné à peu près la même réponse. Mais observons la manière dont ils ont utilisé la leur : rien ne pourrait être plus opposé. Et cette divergence se lit déjà dans leurs mots. Comparez « Quelle chance pour les dirigeants que les hommes ne pensent pas » à « Ce n'est pas le pouvoir pour le pouvoir qui m'intéresse, mais [...] un pouvoir moral, juste et bon » : la différence est criante. Pour le premier, l'influence est la récompense du cynisme. Pour le second, celle du promoteur du bien commun. Chaque jour, nos paroles nous placent quelque part entre ces deux approches extrêmes. L'Histoire nous a montré les conséquences de l'une et de l'autre. Nous communiquons afin de détruire les autres ou de les fortifier. En la matière, le conseil de Carnegie était succinct : ne critiquez pas, ne condamnez pas et ne vous plaignez pas. Comme il semble plus difficile à suivre aujourd'hui ! Dire que nous devons faire plus attention à nos paroles est un euphémisme. L'immense toile numérique sur laquelle nous pouvons exprimer nos pensées va de pair avec une contrainte tout aussi immense: la consultation ouverte à tous, qui engage notre responsabilité. « Les outils de communication numériques permettent de toucher plus de monde, plus vite et à moindre coût, expliquait Guy Kawasaki, auteur de *L'Art de l'enchantement*[1], dans une récente interview, mais un *loser* reste un *loser*. On peut tout aussi bien dire que la technologie permet de détruire une réputation plus vite et plus facilement que jamais. »

C'est le cas, en effet, et cela éclaire ce principe d'un nouveau jour.

Ce qui n'aurait été autrefois qu'une critique discrète peut aujourd'hui vous valoir une amende. Demandez à Patrick Michael Nesbitt, un ancien médecin canadien condamné à payer 40 000 dollars (plus de 30 000 euros) pour avoir publié sur Facebook des commentaires « malveillants » et diffamatoires à propos de la mère de sa fille[2]. Ou à Ryan Babel, l'ancien attaquant du FC Liverpool, qui, après un match perdu contre Manchester United, a tweeté un lien vers un photomontage représentant Howard Webb avec ce commentaire: « Et on dit que c'est l'un des meilleurs arbitres. C'est une blague. » Il a écopé d'une amende de 10 000 livres, soit environ 12 500 euros. Ben Dirs, journaliste sportif à la BBC et blogueur, a noté à propos

---

1. Diateino, 2011.
2. Lori Culbert, « Ex-Doctor Fined for Facebook Comments », *Vancouver Sun*, 20 novembre 2010.

de cet incident : « Il y a un an, Babel se serait défoulé auprès de sa petite amie. Aujourd'hui, il a au bout des doigts ce moyen très pratique – et très tentant – de crier sa colère au monde entier[1]. »

Ce qui se serait autrefois limité à un agacement exprimé entre amis peut aujourd'hui vous valoir un licenciement. Une étude menée en 2009 par Proofpoint a révélé que 8 % des entreprises américaines de plus de mille salariés ont déjà renvoyé un employé en raison de commentaires sur des sites comme Facebook ou LinkedIn[2]. Le *Huffington Post* s'est penché plus précisément sur treize commentaires publiés sur Facebook, à cause desquels leurs auteurs ont perdu leur emploi[3]. Parmi eux :

- Une serveuse d'une pizzeria qui s'était plainte du maigre pourboire laissé par deux clients ayant passé trois heures à table, l'obligeant à travailler une heure de plus que prévu. « Merci d'être venus chez Brixx », ironisa-t-elle, avant de se moquer de ces clients qualifiés de « bas de gamme ».

- Un intérimaire du Philadelphia Eagles Stadium qui avait publié un statut dans lequel il reprochait à l'équipe de football américain de Philadelphie, en termes peu délicats, d'avoir laissé un de ses joueurs, Brian Dawkins, rejoindre les Broncos de Denver.

- Sept employés d'une chaîne de supermarchés cana-

---

1. Ben Dirs, « How Twitter Changed the Rules », BBC, 17 janvier 2011.
2. www.proofpoint.com/outbound
3. Catharine Smith et Craig Kanalley, « Fired over Facebook : 13 Posts That Got People Canned », *Huffington Post*, 26 juillet 2010.

dienne, Farm Boy, qui avaient créé un groupe Facebook sur lequel circulaient « des attaques verbales contre les clients et les employés ».

On a parfois le sentiment que la critique et le jugement ont pris le dessus sur la compassion et la tolérance. Il est certain que les remarques acides sont du meilleur effet. Avec tant d'occasions de se faire entendre, beaucoup ne résistent pas à la tentation d'exercer leur droit d'expression lorsque quelqu'un a tort, mais les mêmes sont aussi prompts à se réfugier derrière leur droit au silence quand *eux* ont tort. Beaucoup brandissent d'une main le glaive du premier amendement (la liberté d'expression) et de l'autre, le bouclier du cinquième (la sécurité juridique), oubliant au passage que cela revient à considérer les relations humaines comme un champ de bataille. À bien des égards, cette culture de la critique et de la plainte est la triste réalité.

Une personne influente, elle, sait qu'un tel manque de retenue pave la voie de la discorde, quelle que soit la réalité des torts de chacun. De telles façons d'agir détruisent plus souvent qu'elles ne fortifient, parce qu'elles suggèrent une arrière-pensée, une motivation sous-jacente et arbitraire. Elles injectent une tension dans l'échange. Il n'est pas surprenant que les commentateurs soient plus nombreux que les authentiques leaders, de nos jours. L'influence est toujours en jeu, mais beaucoup ne cherchent qu'à défendre leur pré carré. Non seulement cela crée un regrettable précédent, mais cela nourrit les tensions et éloigne un peu plus la communication d'une collaboration constructive.

Avec un vrai leader, au contraire, l'effet inverse est indiscutable. Peu d'hommes ont été de meilleurs communicants que l'auteur de la Proclamation d'émancipation. Le président Lincoln était connu pour aborder les situations conflictuelles avec calme et intelligence. Ce fut le cas à l'occasion d'une importante erreur tactique qui eut lieu lors d'un temps fort de la guerre de Sécession.

La bataille de Gettysburg se déroula les trois premiers jours de juillet 1863. Dans la nuit du 4, le général Lee ordonna la retraite vers le sud, tandis que des pluies torrentielles inondaient le pays. Quand Lee atteignit le Potomac à la tête de son armée vaincue, il se retrouva pris au piège entre le fleuve devenu infranchissable et l'armée victorieuse des Nordistes, derrière lui. Pour celle-ci, c'était une occasion unique de capturer l'armée de Lee et de mettre un terme aux hostilités. Plein d'un immense espoir, Lincoln commanda au général Meade d'attaquer immédiatement sans réunir un conseil de guerre. Il fit télégraphier ses ordres puis envoya un messager sur place pour les confirmer.

Meade convoqua un conseil de guerre. Il hésita. Il procrastina. Il télégraphia toutes sortes d'excuses au président. Finalement, les eaux se retirèrent et Lee put s'échapper avec ses hommes au-delà du Potomac.

Lincoln était furieux. « Qu'est-ce que cela veut dire ? cria-t-il à son fils Robert. Grand Dieu ! Qu'est-ce que cela veut dire ? Nous les tenions, nous n'avions qu'à tendre la main pour les cueillir et pourtant, malgré mes ordres pressants, notre armée n'a rien fait. Dans des circonstances pareilles, n'importe quel général ou presque aurait pu battre Lee. Moi-même, si j'avais été là-bas, je l'aurais battu ! »

Plein de rancune, Lincoln s'assit à sa table et écrivit à Meade une lettre sévère pour un homme si modéré :

> « Mon cher Général,
>
> Je ne crois pas que vous mesuriez toute l'étendue du désastre causé par la fuite de Lee. Il était à notre portée et, si vous l'aviez attaqué, cet assaut ajouté à nos précédentes victoires aurait mis un terme à la guerre. Maintenant, au contraire, elle va se prolonger indéfiniment. Si vous n'avez pu attaquer Lee lundi dernier, comment pourrez-vous le faire de l'autre côté du fleuve, là où vous ne pouvez emmener qu'une partie de vos forces – pas plus des deux tiers de celles dont vous disposez ? Il ne serait pas raisonnable d'espérer, et je ne l'espère pas, que vous pourrez désormais accomplir grand-chose. Votre plus belle chance est passée, et vous m'en voyez infiniment peiné. »

Cette lettre était parfaitement justifiée. Pourtant, Lincoln ne l'envoya jamais. Elle fut trouvée dans ses papiers après sa mort.

À votre avis, pourquoi le président s'est-il retenu de partager son immense déception et ses critiques légitimes ? Lincoln était passé maître dans l'art de la communication et tout ce qu'il exprimait était empreint d'humilité. Il a dû penser que l'envoi de cette lettre le soulagerait mais alimenterait dans le même temps le ressentiment de Meade, affaiblissant ainsi sa légitimité de chef. Lincoln savait que Meade avait été nommé à la tête de l'armée du Potomac quelques jours plus tôt seulement. Il savait aussi que Meade avait à son actif une série de succès héroïques. La pression était certainement forte pour le général, sans compter tout le sang déjà versé par ses hommes. Si Lincoln avait mis de côté tous ces éléments et envoyé sa lettre, il aurait certainement remporté la bataille des mots, mais il n'aurait pas triomphé dans la guerre de l'influence.

Cela ne signifie pas que le général Meade ne méritait pas d'être informé de son erreur. Mais il y avait deux manières – l'une efficace, l'autre non – de le lui faire savoir. Lincoln finit par exprimer sa contrariété à Meade sans le rabaisser. En ayant la délicatesse de renoncer à envoyer une lettre blessante, il fit le choix de préserver et même d'augmenter son influence auprès de Meade, qui continuera de servir l'État dans sa ville natale de Philadelphie jusqu'à sa mort, en 1872.

Plus qu'aucun autre président des États-Unis peut-être, Lincoln savait quand il était important de se taire et quand le silence constituait une erreur plus grave qu'une prise de parole. Il avait en effet compris l'un des principaux fondements de la nature humaine : l'instinct de préservation, qui nous pousse à nous défendre, à esquiver et à refuser tout ce qui menace notre bien-être – et les atteintes à notre amour-propre ne sont pas les moindres. Prenez le scandale des stéroïdes qui a frappé la Ligue majeure de base-ball en 2007. Sur les cent vingt-neuf joueurs testés positifs, cités par le rapport Mitchell ou directement impliqués par leurs collègues, seuls seize ont admis avoir pris des stéroïdes ou des hormones de croissance.

Des stars du base-ball à l'ego surdimensionné ?
Pas si vite. Pensez à la dernière fois qu'un collègue vous est tombé dessus à bras raccourcis pour quelque chose que vous aviez dit ou fait. Qui pensera que ses paroles vous ont donné envie de le serrer dans vos bras et de l'inviter à déjeuner ? N'avez-vous pas plutôt eu envie de cacher une boîte de sardines ouverte dans un tiroir de son bureau ? Et encore, pour rester gentil.

Ni vous ni moi n'aimons faire l'objet de reproches, qu'ils soient justifiés ou non. «Autant nous recherchons l'approbation, autant nous redoutons la réprobation », a expliqué l'endocrinologue Hans Selye.

Quand nous décidons d'utiliser la critique pour nous imposer dans une discussion, mettre un fait en évidence ou inciter quelqu'un à changer, nous perdons du terrain. On peut amener les gens à changer tout comme on peut conduire un cheval à l'abreuvoir, mais dévaloriser l'autre vous conduira rarement au résultat escompté. Et cela vaut aussi bien dans les débats publics que dans les discussions privées.

Même si l'air du temps est au dénigrement sur les blogs, dans les médias sociaux et les talk-shows, dès que vous exprimez des critiques, l'objet de vos attaques est forcé de se défendre. Et quand l'autre est sur la défensive, vous ne pouvez plus faire grand-chose pour abattre ses barricades. Tout ce que vous direz sera entendu d'une oreille sceptique ou, pire, totalement incrédule. En cela, les critiques fonctionnent comme des boomerangs : elles reviennent toujours à la figure de l'envoyeur.

Cela se produit d'autant plus vite dans un monde où les

micros, les claviers et les caméras de téléphones portables ne sont jamais loin. Tout ce que nous exprimons ou presque est susceptible d'être révélé au monde entier. Mel Gibson l'a appris à ses dépens, quand le message injurieux et à connotation raciste qu'il avait laissé sur la boîte vocale de sa petite amie a été diffusé par cette dernière. L'aura de l'acteur, autrefois considérable au-delà même d'Hollywood, en a pris un grand coup.

Un autre incident, moins explosif mais tout aussi gênant, a eu lieu en juillet 2008, lorsqu'un micro de la chaîne Fox News a capté un commentaire du révérend Jesse Jackson qui n'était pas censé être enregistré. Selon un blog de CNN, Jackson y « dénigrait le candidat démocrate présumé [Barack Obama], lui reprochant de donner des leçons de morale à la communauté afro-américaine ». Malgré les excuses publiques du révérend, son commentaire a écorné son influence nationale sur les sujets touchant la communauté noire. Par ailleurs, il a jeté le doute sur son soutien au sénateur de l'Illinois, qui devint peu après le quarante-quatrième président des États-Unis. Même si une telle médiatisation de nos erreurs sera épargnée à la plupart d'entre nous, nous ferions bien de nous demander, avant de nous permettre de juger les faux pas des personnalités, ce que les autres diraient si nos pires dérapages privés étaient étalés sur la place publique. Il vaut mieux toujours suivre ce principe simple dans nos relations humaines : ne pas critiquer, ne pas condamner et ne pas se plaindre. Nous vivons une époque où la terre entière peut entendre nos paroles, où la responsabilité s'exerce à l'échelle mondiale, où nos erreurs de communication peuvent nous suivre toute notre vie.

Malgré une tendance générale à la médisance, il n'est ni sage ni nécessaire de critiquer les autres pour donner à nos messages plus d'efficacité, d'importance ou d'intérêt médiatique. Le niveau d'audience dont il nous est permis de jouir ne doit être envisagé ni comme un fardeau ni comme une bénédiction, mais comme une responsabilité. Ceux qui l'acceptent avec humilité, empathie et un enthousiasme honnête émergent plus rapidement, parce que les autres continuent de leur accorder de l'attention. Les personnes les plus largement respectées au sein de leur secteur d'activité, de leur entreprise, de leur famille et de leur entourage amical sont celles qui expriment des opinions claires tout en respectant ceux dont elles aimeraient influencer les comportements ou les points de vue.

Dans certains cas, forcer quelqu'un à changer par la pression des mots peut relever de la coercition – et si c'est un crime, c'est qu'il y a une raison. Cela n'a sans doute rien d'illégal entre collègues ou amis, mais autant éviter tout sentiment de malaise.

Le plus simple est de vous concentrer sur vos propres progrès.

• N'utilisez plus les médias dans un esprit agressif et critique, mais d'encouragement et de soutien. Vous pouvez parler de tout à vos amis et à vos fans, même de sujets qu'ils préféreraient éviter, mais l'esprit dans lequel vous le faites est essentiel. Êtes-vous en train de fourbir vos armes en relayant telle information ? Si c'est le cas, mieux vaut vous contenter d'en parler à un collègue de confiance. Même si les gens sont de votre côté, les fanfaronnades ou les plaintes ne les rapprocheront pas davantage de vous. Au contraire, ils risqueront de se demander s'ils peuvent vous confier leurs erreurs ou leurs doutes.

- Interdisez-vous de dénigrer vos concurrents. À long terme, les médisances sont beaucoup plus nocives qu'utiles. Dans une économie mondialisée, vos plus grands rivaux peuvent à tout moment devenir vos meilleurs alliés. Que ferez-vous lorsque vous vous apercevrez que le développement de votre activité dépend de quelqu'un avec qui vous avez coupé les ponts ? La concurrence est saine, il faut la respecter. La collaboration est cruciale, il faut la protéger.

- Donnez du poids à vos messages en ne vous mettant pas en avant. Que vous tweetiez une grande nouvelle à vos abonnés ou que vous informiez le conseil d'administration des dernières actualités, n'oubliez pas que personne ne veut être submergé par des sujets qui n'intéressent que vous. Surtout, les destinataires de vos messages veulent une information qui ait de la valeur. Si vous vous contentez de leur rebattre les oreilles et d'inonder leurs messageries avec les détails de votre dernier problème ou sujet d'agacement, ils cesseront de vous écouter. Il y a assez de messages positifs disponibles, pourquoi s'encombrer l'esprit des mauvaises ondes des autres ?

- Calmez-vous avant de vous exprimer. Quand on est en colère, les cinq premières minutes sont en général les plus dangereuses. Si vous parvenez à contrôler vos réactions instinctives, vous vous épargnerez des heures de rétropédalage et de plates excuses. Nous commettons tous des faux pas, mais rien ou presque n'est pire qu'un faux pas rendu public. Mettez-vous à l'abri de petits ennuis – et d'un énorme problème potentiel – en y réfléchissant à deux fois avant de laisser échapper des mots que vous pourriez regretter.

On peut toujours juger les autres, mais n'oubliez pas : on peut toujours *vous* juger, vous aussi. En la matière, le Sermon sur la montagne nous offre sa sagesse : « Car, du jugement dont vous jugez on vous jugera, et de la mesure dont vous mesurez on mesurera pour vous » (Matthieu, 7:2).

Et même s'il est difficile, parfois, de renoncer à notre liberté d'expression, un rapide coup d'œil à l'Histoire nous rappelle que les personnes les plus influentes sont celles qui ont su tenir leur langue et ravaler leur fierté quand une vague d'émotions négatives les envahissait. Elles ont privilégié la concision, l'humilité et la sagesse, qui en disent bien plus que n'importe quelle tirade critique.

L'exemple le plus mémorable nous est peut-être donné par l'écrivain britannique G.K. Chesterton. Invité par le *Times* à rédiger un essai sur le thème : « Qu'est-ce qui ne va pas dans le monde ? », le prolifique auteur répondit :

> « Messieurs,
> Moi.
> Bien à vous,
>
> G.K. Chesterton »

Dans un article publié par *Time* en 1943 sur son livre *Orthodoxie*, on apprend que le plus célèbre adversaire du robuste écrivain, le dramaturge irlandais George Bernard Shaw, le prenait pour « un homme d'un génie colossal ». Le même article voit en Shaw l'« affectueux ennemi » de son contemporain. Chesterton lui-même décrivait leur relation pleine de fougue comme celle de deux « cow-boys dans un film muet jamais sorti ». Les deux hommes étaient en désaccord sur la plupart des sujets de leur temps, mais leur relation ne fut jamais conflictuelle, en grande partie grâce à la capacité de Chesterton à maîtriser son ego et à respecter des opinions aux antipodes des siennes. Ce ne fut pas un cas isolé dans la vie de l'écrivain.

L'influence de Chesterton sur ses contemporains, tels que Bernard Shaw, Oscar Wilde et H.G. Wells, fut rayonnante. Son livre *L'Homme éternel* contribua à la conversion au christianisme de C.S. Lewis ; sa biographie de Charles Dickens participa largement à la redécouverte de cet auteur par le public et à une nouvelle approche universitaire de son œuvre ; une phrase de sa nouvelle *Le Nommé Jeudi* inspira Michael Collins, le leader nationaliste irlandais : « Si vous n'aviez pas l'air de vous cacher, personne ne serait à vos trousses » ; et son article paru le 18 septembre 1909 dans le journal *The Illustrated London News*, concernant l'Inde, a profondément marqué le Mahatma Gandhi.

Dans le monde actuel, les beaux discours sont inutiles pour se faire des amis et influencer les autres. Il faut le raffinement de la courtoisie et de l'humilité. Si je suis le problème dans le monde, et si vous l'êtes aussi, alors arrêtons de nous demander qui a raison et attelons-nous à faire de cet endroit un monde meilleur. Rangez vos boomerangs et vos mots vous conduiront beaucoup plus vite vers le progrès.

2

Mettez en avant ce qui est positif

Le Discours d'un roi[1] raconte la manière dont un homme banal, au contact peu banal, a aidé un prince bègue à devenir le roi qui allait rassembler toute une nation.

Le prince Albert, duc d'York, avait un problème de bégaiement qui lui gâchait la vie. Il avait du mal à lire des histoires à ses enfants, à prononcer des discours et à s'exprimer à la radio, toute récente invention de son époque. À la recherche d'un traitement, le prince, surnommé Bertie par sa famille, rencontra un orthophoniste australien, Lionel Logue, aux méthodes peu conventionnelles, et pour cause : selon lui, le bégaiement avait une origine psychologique tout autant que physiologique.

Le film montre la réticence du prince à l'égard de Logue et la tension qui monte entre les deux hommes à mesure que l'enjeu devient plus important, puisque le prince

---

1. Tom Hooper, 2010.

est intronisé sous le nom de George VI et qu'une guerre mondiale s'annonce.

Finalement, dans un moment capital où ils se préparent au couronnement, le futur roi craque et exprime toutes ses peurs : celles de faillir devant son peuple et de devenir la risée du monde entier.

« Bertie, intervient Logue, vous êtes l'homme le plus courageux que je connaisse. »

Le prince s'interrompt et réfléchit au poids de ces mots. Ils présagent un bouleversement dans sa vie.

Si le philosophe Ralph Waldo Emerson avait raison de dire qu'« à l'origine de toute action, il y a une pensée », Logue a mis en œuvre la meilleure stratégie d'influence. Il a exprimé une pensée qui n'avait jusqu'alors jamais été envisagée. Bertie, le prince bègue, n'était pas un homme faible. Il n'avait rien d'un tocard. Toutes les moqueries qu'il avait endurées et l'image qu'il avait de lui-même falsifiaient la réalité. Il y avait autre chose en lui, une vérité plus profonde, quelque chose de bien… et peut-être même de grand.

Bertie décida de s'en emparer et parvint à devenir un autre homme, parce qu'une personne avait vu en lui quelque chose que ses faiblesses avaient caché aux autres.

Il est intéressant de comparer la démarche de Logue avec celle de Ron Schiller, l'un des responsables de la radio américaine NPR, contraint de démissionner après la diffusion d'une vidéo dans laquelle il tenait des propos diffamatoires sur un parti politique dont il ne partageait pas les opinions. Logue et Schiller ont adopté deux approches différentes : c'est avant tout une affaire de choix.

Ni Bertie ni aucun parti politique ne sont exempts de défauts. Ce n'est pas comme si Logue avait à défendre un sujet plus vertueux que Schiller : tous deux pouvaient trouver matière à critiques. Mais Logue a choisi d'actionner le bon levier d'influence, celui qui tient la dignité humaine en plus haute estime. Schiller, lui, s'est oublié et a oublié ses semblables. Il n'est pas difficile de savoir lequel d'entre eux a fait le choix le plus judicieux.

La parabole de la brebis égarée[1] nous parle d'un berger qui a la responsabilité d'un troupeau de cent têtes. Un soir, rassemblant ses brebis, il constate qu'il manque l'une d'entre elles. Une seulement. Les quatre-vingt-dix-neuf autres sont en sécurité. Que décide le berger ? De prier pour que sa brebis rentre avant qu'un loup ne la dévore ? Non, il conduit son troupeau à l'enclos et part à la recherche de l'animal égaré. Cette brebis a tant d'importance à ses yeux qu'il ne peut envisager de l'abandonner.

Réfléchissez au message qu'une telle attitude envoie, non seulement à la brebis égarée mais au reste du troupeau qui compte sur le berger pour assurer sa subsistance et sa protection. Et maintenant, imaginez que vous envoyiez le même message à ceux que vous voulez influencer. Leur avez-vous fait savoir à quel point

---

1. Célèbre parabole de Jésus rapportée par Matthieu (18 : 12-14) et Luc (15 : 3-7).

ils comptent pour vous ? La force de ce principe simple, vécu au quotidien, est immense.

Nous avons tous le désir inné et insatiable de savoir que nous sommes importants, que nous comptons. Pourtant, de nos jours, répondre à ce besoin est l'une des choses les plus ardues.

Comme nous pouvons être obsédés par des sujets de peu d'importance ! Toutes ces semaines de notre vie passées à commenter le dernier look de telle célébrité ou le dernier faux pas de tel sportif... Toutes ces heures à observer les faits et gestes tapageurs d'un groupe de jeunes réunis entre quatre murs... Et même si nous ne nous laissons pas happer par les gloses parfois hystériques de la culture de masse, le temps peut nous manquer. Les sollicitations sont si nombreuses que nous peinons à approfondir quoi que ce soit. Lorsque nous sommes assaillis de SMS, que nos messageries débordent et que les réseaux sociaux ne nous laissent aucun répit, même l'être cher, qui fut un temps l'objet de toutes nos attentions, peut parfois nous déranger. Et puis il y a les enfants, les grands-parents, les voisins, etc. Qui a le temps de faire des compliments, sauf peut-être au voisin à propos de sa nouvelle voiture ? C'est rapide et facile.

Le problème est que cela peut aussi être trivial et insignifiant. Voilà pourquoi ce principe a une telle importance aujourd'hui. Il ne faut pas confondre compliment et flatterie. La différence ? La sincérité de l'intérêt que l'on porte. Un jour, un jeune étudiant débraillé a demandé conseil à Mohamed Ali. Il n'arrivait pas à se décider : devait-il continuer ses études ou partir à la conquête du monde

– option qui avait manifestement sa préférence ? « Reste à l'université, lui conseilla Ali. S'ils ont réussi à faire de la pénicilline avec du pain moisi, ils arriveront bien à faire quelque chose de toi[1] ! »

La réponse d'Ali ne manquait pas d'humour. Mais derrière cette apparente légèreté, il avait compris ce que ce jeune homme avait dû entendre toute sa vie et il avait voulu lui faire passer un message fondamental : « N'abandonne pas si facilement. Va jusqu'au bout. Malgré ce qu'on t'a dit, tu es quelqu'un d'important et tu peux accomplir de grandes choses. »

Les compliments, par opposition aux flatteries, supposent de comprendre suffisamment une personne pour sentir ce que l'on peut encourager en elle ; de la connaître suffisamment bien pour avoir conscience de ce qui est important. Les flatteries, en général, trahissent un manque de sensibilité et une hypocrisie. On dit ce que l'on imagine devoir dire, mais en réalité, on ne le pense pas le moins du monde. Quel message envoient les flatteries ? « Tu ne comptes pas assez à mes yeux pour que je t'accorde beaucoup d'importance. »

Nous devons résister à la tentation de vivre sur pilote automatique. Dans son best-seller[2], le pasteur Rick Warren écrit :

> « On sort en vitesse de chez soi et on lance : "Salut, comment ça va ?" On ne regarde même pas les gens dans les yeux. On

---

1. Clifton Fadiman et André Bernard, *Bartlett's Book of Anecdotes*, New York, Little, Brown & Company, 2000.

2. Rick Warren, *The Purpose-Driven Life*, Grand Rapids, Zondervan, 2002.

ne leur parle pas vraiment. En faisant cela, on passe à côté de beaucoup de qualités chez les autres. [...] Les gens ne sont pas des blocs d'argile que l'on façonne entre ses mains. Vous n'êtes pas là pour ça. C'est de la manipulation, pas du leadership. Les gens ne sont pas des choses que l'on façonne ; ce sont des vies qui doivent se déployer. Voilà ce que font les vrais leaders : ils déploient la vie des autres et les aident à cultiver les qualités que Dieu leur a données. »

Certes, personne ne peut être à chaque instant dans les meilleures dispositions. Nous manquons tous des occasions que nous aurions dû saisir. Mais nous pouvons tous mesurer nos progrès au fil du temps. Les messages que vous envoyez, que ce soit par des paroles, des écrits ou votre simple présence, font-ils pencher la balance vers davantage d'engagement ou davantage de distance ? Plus ils vous engageront, plus vous gagnerez en influence sur les autres.

Emerson a écrit : «Tout homme a le droit d'être estimé d'après ses meilleurs moments[1]. » Réfléchissez à cela un instant. Avec qui entretenez-vous la relation la plus tendue en ce moment ? Comment évoluerait-elle si vous vous concentriez sur les meilleurs moments de cette personne et que vous les mettiez en avant ? Cela ne veut pas dire que cette personne n'a aucun tort. Peut-être même a-t-elle plus de défauts que de qualités, à moins qu'elle ne soit brisée après des années d'errance et de

---

1. R.W. Emerson, *La Conduite de la vie*, trad. Marie Dugard, L'Harmattan, 2009.

mauvaise conduite. Mais une chose est certaine: si vous voulez l'inciter à changer, vous ne parviendrez pas à grand-chose en insistant sur ses torts ou ses erreurs. Si, au contraire, vous la laissez entrevoir ce qu'elle pourrait être – sans alimenter de doux rêves mais en vous appuyant sur ses succès et ses qualités, aussi maigres soient-ils –, quelque chose en elle pourrait trouver une raison de se réveiller. Elle commencera peut-être à voir ce qu'elle peut encore être, malgré son passé. «Si vous traitez un individu comme ce qu'il est, vous le rendez pire que ce qu'il est; si vous le traitez comme ce qu'il pourrait être, il deviendra ce qu'il doit être[1]. »

Peu d'hommes, dans l'Histoire, ont mieux compris qu'Abraham Lincoln la force qu'il y a à mettre en avant ce qui est bon dans l'autre. C'est avec cette seule idée que le seizième président des États-Unis a soudé la nation. Quand il fut investi en mars 1861, la probabilité qu'un autre président fît un jour un discours inaugural était faible.

Le jour même où il prêta serment, le drapeau confédéré fut hissé pour la première fois à Montgomery (Alabama). Depuis son élection, sept États avaient fait sécession. Dans les deux camps, tout le monde voulait savoir ce que cet homme avait à en dire.

L'Histoire juge aujourd'hui son discours d'investiture comme l'un des meilleurs jamais prononcés, précisément

---

1. Cette phrase est citée par Emerson dans un essai sur Goethe publié dans son ouvrage *Representative Men* (1850). Elle est attribuée au dramaturge et poète allemand, ou du moins inspirée par lui.

parce que Lincoln l'écrivit dans un esprit de réconciliation. Il ne fut pas faible – il prévint des conséquences de toute attaque contre l'Union. Mais il mit en avant une vision positive, à un moment où personne ou presque n'y parvenait : « Nous ne sommes pas ennemis, mais amis. Nous ne devons pas être ennemis. »

Quelle audace fallait-il ! Sept États avaient déjà fait sécession. La guerre menaçait. Des amis ? Comment pouvait-on les voir comme des amis ?

Pensez à la dernière fois qu'un collègue vous a trahi, qu'un client vous a menti ou qu'un vendeur n'a pas respecté ses engagements. Votre première réaction fut-elle de vous souvenir de tout ce qu'il avait fait de bien auparavant ?

La déception, le sentiment d'être abandonné ou trahi nous valent de passer les moments parmi les plus exaspérants de notre vie. Et pourtant, ils nous offrent aussi l'opportunité exceptionnelle de marquer les esprits.

Vous est-il déjà arrivé que quelqu'un vous accorde son pardon contre toute attente ou se montre d'une surprenante indulgence envers vous ? Cela s'est peut-être passé il y a des années ou même dans votre enfance. Si c'est le cas, cette personne vous est sans doute restée en mémoire, tout comme l'émotion qu'elle éveilla en vous. Gagner en influence se résume en fin de compte à occuper une place à part, à monter d'un cran dans l'esprit et le cœur de l'autre. Si vous vous contentez d'agir ou de réagir comme n'importe qui, jamais vous ne vous distinguerez des autres. Et les raisons en sont simples.

La concurrence pour l'attention est permanente. Les communications sont souvent confuses. Il est assez difficile de se faire entendre dans le brouhaha actuel. Il faut pouvoir se montrer altruiste et digne de confiance, et, en général, on ne dispose guère de plus de quelques secondes pour cela. Si nous étions des êtres parfaits, sans la moindre faiblesse, sortir du lot reviendrait à surpasser les qualités relationnelles des autres dans la sphère d'influence de quelqu'un. La lutte pour l'influence s'apparenterait alors à un concours de beauté (et certains l'envisagent ainsi).

Mais ce n'est pas le cas. Nous sommes des êtres imparfaits, pétris de faiblesses, et voilà qui nous offre peut-être autant d'opportunités de valoriser les autres après un désaccord ou une déception que lorsque tout va bien. Le secret est de ne jamais vous défausser : chaque fois que vous en avez l'occasion, faites preuve d'un esprit positif envers les autres.

Certains commettent l'erreur de penser que la mansuétude est une marque de faiblesse ou de passivité. Ce n'est pas non plus un déni de justice, car la clémence sans justice n'aurait aucun sens. Lincoln a su voir au-delà des apparences ce qui pourrait advenir et a œuvré dans ce sens.

> « Bien que la passion ait pu tendre nos liens d'affection, elle ne doit pas les briser. Les cordes mystiques du souvenir, qui vont de chaque champ de bataille et du tombeau de chaque patriote à chaque cœur qui bat et chacun des foyers de cet immense pays, feront encore vibrer le chœur de l'Union. »

Parfois, valoriser les autres consiste à rappeler que le bien existe en chacun. Oui, il y a des tensions, dit Lincoln, mais nos liens sont plus forts. Le Nord et le Sud partageaient une histoire commune. C'est ensemble qu'ils avaient déclaré l'indépendance, construit une nation, subi la guerre, et il fallait le rappeler à tous : « Quand elles seront de nouveau touchées, et elles le seront à coup sûr, par les meilleurs anges de notre nature. »

Les derniers mots du discours de Lincoln récapitulent tout ce qui devait être mis en valeur. Au-delà des dissensions, quelque chose de plus important et de plus vrai ne demandait qu'à vivre.

Pour un monarque britannique comme pour une nation divisée, c'est l'exhortation à reconnaître le positif qui a permis de transformer une situation tendue en un formidable défi de changement. Cela ne revient nullement à ignorer les problèmes, comme certains pourraient être tentés de le croire, mais à les affronter dans un souci de respect bien plus susceptible d'amener l'autre à la repentance, à la réconciliation ou au progrès.

Ed Fuller, PDG de Marriott International Lodging, l'affirme : « Aucune relation professionnelle intéressante, que ce soit avec vos salariés, vos clients ou vos partenaires, ne peut perdurer sans respect mutuel. Et comme l'expérience me l'a appris, le fait de montrer votre admiration à vos adversaires peut résoudre des conflits, même violents[1]. »

---

1. Ed Fuller, *You Can't Lead with Your Feet on the Desk*, Hoboken, John Wiley & Sons, 2011.

Fuller relate ensuite une bagarre qui éclata entre un avocat de Marriott et le propriétaire d'un hôtel en Amérique du Sud : lors de la renégociation d'un accord de gestion, les discussions tournèrent à la foire d'empoigne et les deux hommes commencèrent à se battre. Personne n'intervint jusqu'à ce que le revolver du propriétaire ne glisse de son étui et ne tombe par terre. On se précipita alors pour séparer les deux hommes, blessés dans leur orgueil et sans le moindre espoir d'accord.

Quelques mois plus tard, comme la situation n'avait pas évolué, un avocat et deux cadres de chez Marriott suggérèrent l'intervention du président Fuller. Celui-ci alla rendre visite au propriétaire de l'hôtel :

> « J'ai passé deux jours avec lui, visité ses établissements, dîné dans son club et rencontré ses amis. À mesure que nous nous découvrions en marge du terrain professionnel, notre estime réciproque s'est accrue. Je l'ai découvert sous un autre jour et j'ai constaté la force de son attachement à ses employés, à sa famille et à sa communauté. Nos points d'achoppement n'étaient pas réglés, mais j'ai réalisé qu'il méritait mon respect pour ce qu'il était et ce qu'il avait accompli. Une semaine après mon départ, nous sommes parvenus à un accord. »

Mettre en avant ce qui est bon n'est pas réservé aux grands de ce monde confrontés à des moments-clés de l'Histoire. Comme tous les autres principes de ce livre, cela vaut ici et maintenant, alors que l'esprit dans lequel nous communiquons manque souvent de considération pour les autres. Sur l'estrade politique, dans les médias numériques ou à la table des conseils d'administration, celui qui s'exprime dans un esprit de valorisation sincère et respectueux se fera toujours plus d'amis et incitera plus de monde à changer positivement que celui qui critique, qui condamne et qui méprise.

Ce qui est formidable, de nos jours, c'est l'étendue du champ d'application de ce principe. «Même si rien ne remplace la force d'une rencontre, explique Blake Mycoskie[1], fondateur de la marque de chaussures TOMS, il est important de se rappeler que la communication virtuelle peut contribuer à renforcer les liens.» À chaque instant de la journée, nous pouvons envoyer des messages positifs à nos amis et nos contacts de multiples manières – courriel, SMS, Twitter... Toutefois, ne commettez pas l'erreur d'oublier l'impact individuel d'un message que vous diffusez à large échelle. Quelle que soit l'ampleur de votre audience, chaque message constitue une communication entre deux personnes : l'émetteur et le destinataire.

C'est le même principe qui tisse un lien d'influence entre un roi et son orthophoniste qu'entre une entreprise et ses clients, ou un cadre et ses subordonnés, ou encore un père et ses enfants.

Nous partageons tous un même désir: celui de compter pour quelqu'un. Et ce message envoyé n'est pas reçu sur un plan collectif, mais individuel. Chacun le perçoit ou non à son niveau, qu'il soit seul en face de la per-

---

1. Lors d'entretiens accordés à l'auteur entre novembre 2010 et janvier 2011.

sonne qui s'adresse à lui ou au milieu d'une foule de trois mille personnes.

Dans le livre originel de Dale Carnegie figure un texte qui a bouleversé des millions de lecteurs à travers le monde. Ce texte, intitulé « Les pères oublient », a été écrit par William Livingston Larned. En le partageant, Carnegie voulait édifier tous ceux qui peuvent si facilement se laisser aller à critiquer. Nous le publions ici pour qu'il soit lu dans une perspective différente : non pas celle d'un père qui finit par comprendre ses erreurs, mais celle d'un jeune fils dont l'indulgence infaillible exerce une telle influence sur son père que ce dernier en est durablement changé.

« Écoute-moi, mon fils. Tandis que je te parle, tu dors la joue dans ta menotte et tes boucles blondes collées sur ton front moite. Je me suis glissé seul dans ta chambre. Tout à l'heure, tandis que je lisais mon journal dans le bureau, j'ai été envahi par une vague de remords. Et, me sentant coupable, je suis venu à ton chevet.

Et voilà à quoi je pensais, mon fils : je me suis fâché contre toi aujourd'hui. Ce matin, tandis que tu te préparais pour l'école, je t'ai grondé parce que tu te contentais de passer la serviette humide sur le bout de ton nez ; je t'ai réprimandé parce que tes chaussures n'étaient pas cirées ; j'ai crié quand tu as jeté tes jouets par terre.

Pendant le petit-déjeuner, je t'ai encore rappelé à l'ordre : tu renversais le lait ; tu avalais les bouchées sans mastiquer ; tu mettais les coudes sur la table ; tu étalais trop de beurre sur ton pain. Et quand, au moment de partir, tu t'es retourné en agitant la main et tu m'as dit : "Au revoir, papa !", je t'ai répondu en fronçant les sourcils : "Tiens-toi droit !"

Le soir, même chanson. En revenant de mon travail, je t'ai guetté sur la route. Tu jouais aux billes, à genoux dans la poussière ; tu avais déchiré ton pantalon. Je t'ai humilié devant tes camarades, en te faisant marcher devant moi jusqu'à la maison... "Les pantalons coûtent cher ; si tu devais les payer, tu serais sans doute plus soigneux !" Tu te rends compte, mon fils ? De la part d'un père !

Te souviens-tu ensuite ? Tu t'es glissé timidement, l'air malheureux, dans mon bureau, pendant que je travaillais. J'ai levé les yeux et je t'ai demandé avec impatience : "Qu'est-ce que tu veux ?"

Tu n'as rien répondu, mais, dans un élan irrésistible, tu as couru vers moi et tu t'es jeté à mon cou, en me serrant avec cette tendresse touchante que Dieu a fait fleurir en ton cœur et que ma froideur même ne pouvait flétrir... Et puis, tu t'es enfui, et j'ai entendu tes petits pieds courant dans l'escalier.

Eh bien ! mon fils, c'est alors que le livre m'a glissé des mains et qu'une terrible crainte m'a saisi. Voilà ce qu'avait fait de moi la manie des critiques et des reproches : un père grondeur ! Je te punissais de n'être qu'un enfant. Ce n'est pas que je manquais de tendresse, mais j'attendais trop de ta jeunesse. Je te mesurais à l'aune de mes propres années.

Et pourtant, il y a tant d'amour et de générosité dans ton âme. Ton petit cœur est vaste comme l'aurore qui monte derrière les collines. Je n'en veux pour témoignage que ton élan spontané pour venir me souhaiter le bonsoir. Plus rien d'autre ne compte maintenant, mon fils. Je suis venu à ton chevet, dans l'obscurité, et je me suis agenouillé là, plein de honte.

C'est une piètre réparation ; je sais que tu ne comprendrais pas toutes ces choses si tu pouvais les entendre. Mais, demain, tu verras, je serai un vrai papa ! Je deviendrai ton ami ; je rirai quand tu riras, je pleurerai quand tu pleureras. Et, si l'envie de te gronder me reprend, je me mordrai la langue, je ne cesserai de me répéter, comme une litanie : "Ce n'est qu'un petit garçon… un tout petit garçon ! "

J'ai eu tort. Je t'ai traité comme un homme. Maintenant que je te contemple dans ton petit lit, las et abandonné, je vois bien que tu n'es qu'un bébé. Hier encore, tu étais dans les bras de ta mère, la tête sur son épaule. J'ai trop exigé de toi… Beaucoup trop… »

Cet esprit de mansuétude, lorsqu'il anime nos paroles et nos cœurs, nous confère une immense influence – même au plus petit d'entre nous. Aucune grande avancée dans les relations humaines et la résolution de conflits ne peut commencer sans qu'au moins l'une des parties n'ait la volonté de mettre en avant ce qui est positif. À partir de là, il est beaucoup plus facile de faire évoluer la relation dans un sens qui soit favorable à tous.

3

Touchez les désirs profonds

Le 14 janvier 2002, *Time* publia en couverture la photographie d'un étrange ordinateur. Son petit socle en forme de dôme était relié à un écran plat par un support chromé permettant de le faire pivoter dans tous les sens d'une simple pression du doigt. On l'avait baptisé iMac et la société qui l'avait inventé, Apple, misait sur son succès pour survivre.

Apple avait toujours été la marque d'informatique favorite d'un marché de niche – des utilisateurs en général créatifs et anticonformistes. Mais dans l'article de *Time*, son PDG, Steve Jobs, livrait une toute nouvelle vision à ses clients.

Selon lui, l'ordinateur allait devenir un «hub numérique» reliant des caméscopes, des caméras numériques, des lecteurs MP3, des assistants personnels, des téléphones portables et des lecteurs de DVD. Il risquait l'avenir de son entreprise sur la vision d'un produit qui serait le centre de toute une vie numérique. C'est pourquoi l'iMac apportait dans son sillage un ensemble de logiciels qui symbolisent aujourd'hui l'ère numérique : iTunes, iPhoto et iMovie.

Jobs suscita les moqueries de ses concurrents et des analystes. Certains des rivaux de longue date d'Apple jugèrent l'iMac « ridicule » et « absurde », et la vision de Jobs « bien trop ambitieuse ».

Et le public ? Il fut conquis par cette représentation de l'avenir. Depuis lors, Apple a augmenté la valeur de son action de 4 856 %, et son concurrent le plus proche, de 14 %.

Pourquoi ?

Parce que les autres entreprises du secteur ne veulent pas vendre leurs produits ? Bien sûr que non. Elles veulent toutes réussir et être appréciées. Elles sont toutes en quête d'une plus grande influence grâce à la diffusion de leurs produits.

La différence est que Steve Jobs a compris quelque chose dont Dale Carnegie n'a cessé de se faire le héraut : pour amener quelqu'un à accomplir une certaine action, il faut commencer par toucher en lui un désir profond. C'est là une vérité universelle, que vous ayez affaire à des enfants, des adultes ou des veaux. Un jour, Emerson et son fils s'efforçaient de faire rentrer un veau à l'étable, sans grand succès. Quand ils le poussaient, le veau résistait. Quand ils le tiraient, le veau s'arc-boutait.

La servante remarqua leur manège. Bien qu'elle n'eût pas la science d'Emerson, elle pensait avoir une idée pour résoudre le problème. Elle se dirigea vers l'animal et glissa un doigt entre ses babines, qu'il se mit à suçoter tandis qu'elle le menait vers l'étable.

La servante savait quelque chose que le brillant philosophe avait oublié : l'un des désirs fondamentaux du veau est de se nourrir. Une fois qu'elle avait touché ce désir, le veau la suivit sans résistance.

Emerson et son fils n'avaient pensé qu'à ce qu'ils voulaient – faire rentrer le veau à l'étable afin qu'ils puissent aller déjeuner. Mais l'animal, heureux de brouter son vert pâturage, n'avait aucun intérêt à se laisser enfermer dans une grange sombre qui compromettait sérieusement son plaisir de ruminant. Du moins, jusqu'à ce que la servante, lui offrant son doigt à téter, lui rappelle qu'un festin de lait chaud l'attendait.

C'est là une excellente métaphore, car elle met en exergue deux idées clés que nous négligeons trop souvent :

1. L'influence a davantage à voir avec l'intuition qu'avec l'intelligence. Entre Emerson et sa modeste servante, le premier était certainement le plus instruit des deux, mais ce n'est pas leur différence intellectuelle qui a compté. La servante avait une intuition qui manquait à Emerson.

On tend à accorder beaucoup d'influence aux personnes dont la réussite sociale suppose une bonne éducation ou de grandes aptitudes – les dirigeants d'entreprises, les professeurs d'université, les médecins et les milliardaires. On les imagine capables de convaincre des foules d'un murmure ou d'un claquement de doigts. Mais, comme le dit Guy Kawasaki, ancien « évangéliste » chez Apple, « si une telle personne n'entretient pas de solides relations avec les gens, elle n'aura pas beaucoup d'influence sur eux[1] ».

En vérité, le pouvoir d'influence de personnes aussi impressionnantes est à peine au-dessus de la moyenne, car elles n'échappent pas à la règle : l'influence ne dépend pas de l'éducation ou de l'expérience ; elle appartient seulement à celui qui oublie qui il est – qu'il soit une personne importante ou non – pour se mettre à la place de l'autre. Et à cette fin, il faut un don pour voir au-delà des apparences d'une interaction. « L'essentiel est invisible pour les yeux », a écrit Saint-Exupéry. Il est important de l'avoir à l'esprit face à une personne que l'on veut convaincre. Influencer quelqu'un, ce n'est pas se montrer plus intelligent que lui. C'est comprendre ce qu'il veut vraiment et le lui offrir en assurant un bénéfice mutuel. « Il sait si peu et accomplit tant », s'émerveilla un jour Robert McFarlane à propos de Ronald Reagan, dont il fut le troisième des six conseillers à la sécurité nationale. En quittant Washington « plus populaire qu'au premier jour de son mandat », écrit-il, Reagan réalisa un exploit inégalé depuis Eisenhower[2]. Comment ? Selon Barack Obama, « Reagan a compris que le peuple américain avait soif de changement et de responsabilité. [...] Il a répondu à une attente qui était déjà là[3] ».

---

1. Entretien avec l'auteur, 14 février 2011.
2. Richard Norton Smith, «The Reagan Revelation : At 100, Why He Still Matters», *Time*, 7 février 2011.
3. Michael Scherer et Michael Duffy, «The Role Model», *Time*, 7 février 2011.

2. L'influence se conquiert en douceur. Emerson et son fils s'acharnaient dans une lutte à quatre mains et huit pattes contre un veau têtu qui campait sur ses positions. Ce n'est pas une manière de se faire des alliés. Et voilà que dans un contraste éclatant arrive une servante dont l'index pointé transforme l'obstiné en docile animal.

Cette scène symbolise bien l'économie de moyens nécessaire pour amener quelqu'un à accomplir une certaine action. Pour ne jamais l'oublier, le président Eisenhower avait affiché cette devise latine dans le Bureau ovale : « Souplesse dans l'application, fermeté sur les principes. » Personne n'oserait douter de l'influence qu'il eut à travers le monde.

Comme l'écrit Harry Overstreet : « L'action naît de nos désirs fondamentaux. [...] Et le meilleur conseil que l'on puisse offrir à ceux qui désirent influencer leurs semblables, aussi bien dans les affaires, la politique, à l'école ou en famille, c'est d'éveiller avant tout chez eux un ardent désir. Celui qui peut réaliser cela a le monde avec lui. Celui qui en est incapable demeure solitaire[1]. »

Ce principe est valable dans tous les domaines et au-delà des frontières. Il est tout aussi important pour le producteur d'Hollywood que pour le dirigeant d'une entreprise du secteur énergétique aux Pays-Bas. Les efforts de communication qui portent leurs fruits sont ceux où

---

1. Harry Allen Overstreet, *Influencing Human Behavior*, New York, W.W. Norton, 1925.

l'émetteur arrête de dicter son point de vue et se met à réfléchir à ce que veut le destinataire. Ceux qui échouent, quel que soit le domaine – professionnel, personnel ou artistique –, sont ceux où l'émetteur tente de convaincre le destinataire qu'il a certains désirs. Ce n'est peut-être jamais plus évident que dans le domaine commercial qui, au sens large, nous concerne tous.

Todd Duncan a consacré un livre aux dix erreurs fatales des commerciaux. L'une d'elles est d'« argumenter » – une erreur qui est aussi la nôtre lorsque nous ne parvenons pas à toucher les désirs profonds des autres, que l'on soit commercial ou pas :

> « Argumenter [...] revient à tout miser sur votre capacité à défendre votre dossier de manière convaincante. Vous déroulez un monologue comme devant un jury en espérant emporter l'adhésion de votre prospect. Mais [...] pour établir un premier niveau de confiance, un monologue brillant ne suffit pas. Il faut dialoguer. Il faut une vraie conversation. Vous n'avez aucun autre moyen de savoir si votre produit ou service répond aux besoins [d'une personne][1]. »

Il cite un peu plus loin une formule de l'historien et philosophe Theodore Zeldin : « La vraie conversation prend feu[2]. »

Il est extraordinaire que, sur les millions de dollars dépensés chaque année en marketing et en publicité, beaucoup soient encore consacrés aux desiderata des

---

1. Todd Duncan, *Killing the Sale*, Nelson Business, 2004.
2. Theodore Zeldin, *De la conversation*, Paris, Fayard, 1999.

émetteurs plutôt qu'aux désirs profonds des destinataires. On a en tête une idée de ce que l'on veut être, ou de la manière dont on veut être perçu, et on passe plus de temps à polir cette image qu'à vérifier si elle est vraiment importante pour ceux à qui l'on s'adresse. La plupart des individus et des entreprises investissent davantage de ressources à mener campagne qu'à toucher les autres. Ils devraient faire le contraire.

Regardez ce que révèlent de vous les deux modes de communication, dans cette comparaison établie par Todd Duncan[1] :

Dialogue	Monologue
Courtois	Suffisant
Authentique	Faux
Transparent	Manipulateur
Confiant	En demande
Veut comprendre les besoins	Veut gagner de l'argent
Crée la confiance	Crée des tensions

Bien sûr, toucher les désirs profonds ne vous offrira pas le monde sur un plateau. Mais si vous n'avez pas cette démarche, la plupart des gens resteront à distance. Ils ne vous écouteront pas et se tourneront vers quelque

---

1. Todd Duncan, *Killing the Sale*, *op. cit.* Les termes ont été légèrement modifiés avec l'accord de l'auteur.

chose ou quelqu'un de plus attachant. Et dans le monde imaginé par Steve Jobs dès 2002, les possibilités de le faire ne manquent pas.

Heureusement, la plupart des messages commerciaux – courriels, tweets, blogs, campagnes publicitaires – sont des monologues qui ne visent qu'à marteler des idées, promouvoir des marques, lancer des produits et construire des personnages. Et c'est précisément pour cette raison que celui ou celle qui installe un esprit de dialogue et de découverte altruiste emporte un avantage significatif.

Comment savoir si c'est votre cas ?

Il suffit en général de dresser un bilan objectif de votre influence. Vos employés mettent-ils les bouchées doubles ou connaissent-ils des hauts et des bas ? Vous ne doutez pas de la solidité de votre couple, mais qu'en pense votre conjoint(e) ? Vous répétez que vos nouveaux produits impressionnent vos clients, mais les ventes suivent-elles ? Vous dites que votre marque plaît, mais selon quels critères de mesure ?

David Shaner explique la différence entre ceux qui touchent vraiment les désirs profonds et ceux qui font semblant d'exercer leur influence, comme un enfant joue au docteur :

> « Presque toutes les études menées dans les entreprises ces deux dernières décennies indiquent que près de 70 % des projets de changement organisationnel ont échoué. [...] Pour avoir une chance de réussir, le changement doit d'abord s'ancrer dans l'esprit des individus qui composent l'organisation. [...] C'est là que doit commencer toute transformation durable, car

c'est votre esprit, comme le mien, qui commande l'ensemble de notre comportement[1]. »

Le vrai changement naît d'une rencontre qui fait vibrer la part la plus intime d'un individu. L'explication de Shaner est parfaitement juste, et pour cause. Depuis trente ans, l'entreprise qu'il dirige, Connect Consulting, aide des multinationales comme Duracell, Ryobi ou SVP Worldwide à mener à bien leurs programmes de changement. Ses mots nous rappellent qu'aucune stratégie de communication, qu'elle soit mise en œuvre par un individu ou une entreprise, ne peut rapporter de l'influence si elle ne touche pas les gens au plus profond d'eux-mêmes. C'est un principe essentiel dans tous vos efforts pour influencer les autres, qu'il s'agisse d'un enfant de cinq ans ou de cinq mille employés.

Un ex-secrétaire d'État américain à l'Éducation a raconté qu'il lui avait fallu un an à son poste avant de comprendre cet aspect essentiel de l'engagement.

Il était plutôt content de son travail. Il était allé au-devant des gens et avait prononcé des discours applaudis. Il avait participé à de nombreux dîners et événements prestigieux et tout semblait s'être déroulé sans problème. Mais pour quel résultat ?

À Noël, il profita de quelques jours de congé pour y réfléchir et en vint à cette conclusion : malgré sa visibilité et ses beaux discours, rien ne changeait vraiment

---

1. David Shaner, *The Seven Arts of Change*, New York, Union Square Press, 2010.

dans son ministère. Les cinq mille employés arrivaient à l'heure. Ils faisaient leur travail. Ils rentraient chez eux. Les services fonctionnaient mais sans le moindre souffle, à l'intérieur comme à l'extérieur des bureaux. Il voulut en comprendre la raison. Les deux mois suivants, il passa beaucoup de temps avec ceux qui faisaient vraiment tourner le département de l'Éducation : les fonctionnaires de carrière, qui continuaient de gérer les dossiers quel que soit le parti au pouvoir à la Maison-Blanche. C'est alors qu'il réalisa avec stupeur que, tandis qu'il tenait la barre sur le pont, cette barre n'était reliée à rien. Et comme il n'avait aucune autorité pour renvoyer ces fonctionnaires ou en embaucher de nouveaux, sa seule manière de faire évoluer le département était de les gagner à sa cause. Mais il y avait un problème : à force de voir défiler les hommes politiques, ces fonctionnaires s'étaient lassés et, le cynisme l'emportant, avaient renoncé à puiser la moindre inspiration d'en haut. La femme du secrétaire d'État lui suggéra, pour les convaincre, de leur montrer sa passion pour l'éducation – non pas par de nouveaux discours, mais par des actes. « Va dans les écoles, passe du temps avec les enfants. Tu marqueras les esprits, parce que c'est à cela qu'ils s'intéressent vraiment.

– Je ne suis pas un VRP, se vexa-t-il. Je suis secrétaire d'État à l'Éducation. Je m'occupe des grandes orientations. »
Sa femme, fille de représentant, sourit. « Chéri, lui dit-elle, si tu ne sais pas faire le VRP, on ne te donnera jamais les clés de la boutique. »
Elle avait raison et il le savait.

Il passa le reste de l'année à faire le tour des écoles du pays, à relever ses manches, à lire des histoires et à écouter les enseignants, ce qui lui rappela à quel point il aimait l'enseignement sur le terrain. Il le vécut comme une victoire personnelle. Mieux, ses actions ravivèrent la flamme chez ses collaborateurs – l'envie de s'impliquer au quotidien, de promouvoir un meilleur enseignement, d'offrir davantage d'opportunités à davantage de familles. Le travail du secrétaire d'État les stimulait à nouveau, parce que ses actes avaient réussi là où les discours et les réceptions prestigieuses étaient restés vains. Ils étaient parvenus à toucher un désir profond chez ces fonctionnaires : le désir de sens. Ils voulaient y croire à nouveau. Il suffisait de leur rappeler que leur travail était toujours important. C'est ce message que leur avait envoyé le secrétaire d'État, provoquant ainsi une nouvelle impulsion[1].

Dans notre monde où tout va si vite, il est facile de ne pas pousser l'analyse aussi loin. Notre communication virtuelle est tellement à sens unique qu'on en arrive à penser que rares sont les occasions de découvrir le point de vue des autres. Nous communiquons avec de plus en plus de monde chaque jour, mais dans une approche plus égoïste. Ce qui nous intéresse surtout, c'est d'exprimer nos idées, de les diffuser vite ou au plus grand nombre, ou les deux. N'est-ce pas ce que nous constatons tout autour de nous ?

---

1. Ainsi que l'a expliqué à l'auteur un ancien rédacteur de discours présidentiels au cours d'une interview accordée pour ce livre.

Il est facile de se laisser emporter dans la bataille au point d'en oublier ce que l'on veut vraiment : le lien, l'influence, l'approbation, la collaboration. On pense alors pouvoir gagner la partie en communiquant souvent, avec une pointe d'originalité de temps à autre – ces stratégies peuvent fonctionner dans certains contextes mais elles ne sauraient suffire.

Toutefois, cette avalanche constante de messages à sens unique a un bon côté. Aujourd'hui, en quelques clics, on peut en apprendre beaucoup sur ce que les gens pensent et attendent.

Nous avons vu plus haut qu'il était dangereux de déverser ses plaintes sur les réseaux. La plupart d'entre nous échappent heureusement à cet écueil : nous révélons ce qui nous importe, nos centres d'intérêt, ce que nous aimons et ce que nous espérons voir se réaliser. Ajoutés les uns aux autres, ces petits bouts d'informations offrent une première approche, voire une large évocation de nos désirs profonds. En matière d'influence, cette connaissance n'a pas de prix car, comme le veau qui voulait simplement manger, seul ce qui nous touche peut nous amener à agir.

DEUXIÈME PARTIE

SIX MANIÈRES DE MARQUER DURABLEMENT LES ESPRITS

1

Intéressez-vous
à ce qui intéresse les autres

Vers qui se tourner pour connaître le moyen le plus rapide de se faire des amis : la personne qui a le plus de suiveurs sur Twitter, le blogueur dont les articles sont les mieux notés, le commercial le plus habile ou le politicien le plus puissant ?

Ce n'est sans doute pas parmi eux que nous trouverons le meilleur modèle, même si tous peuvent se vanter d'avoir une large audience et seraient susceptibles de donner de bons conseils. En fait, nos meilleurs modèles ne sont pas forcément humains. Ce sont peut-être les chiens.

Que nous soyons sortis deux minutes ou de retour d'un voyage de deux semaines, les chiens nous accueillent toujours comme des héros. Ils ne nous rabaissent jamais, ne se moquent jamais de nous et ne nous font jamais attendre des heures. Ils sont sur terre pour être nos amis, pour que nous soyons le centre de leur existence. Notre seule présence suffit à les remplir de joie.

Si l'on dit que le chien est le meilleur ami de l'homme, ce n'est pas par hasard. Certaines histoires de fidélité entre un chien et son maître sont devenues mythiques. Lord Byron a écrit de son chien Boatswain qu'il avait « toutes les vertus de l'homme sans ses vices[1] ».

Les chiens savent, par quelque instinct divin, que l'on se fait plus d'amis en quelques minutes en s'intéressant vraiment aux autres que l'on ne pourrait en gagner en plusieurs mois en s'efforçant de les amener à s'intéresser à soi. C'est un principe fondamental sans lequel personne ne peut vraiment avancer dans son rapport à l'autre. La grande ironie des relations humaines, c'est qu'il est aussi facile que cela d'obtenir l'importance que nous désirons tant avoir aux yeux des autres. Mais nous compliquons les choses. Notre plus grand obstacle est l'égoïsme ; rien ne décourage davantage les liens d'amitié.

L'homme n'a pas attendu Facebook et Twitter pour s'intéresser en premier lieu à lui-même. Dans les années 1930, quand Carnegie écrivait le manuscrit originel de son livre, la New York Telephone Company réalisa une étude pour savoir quel mot était le plus souvent utilisé dans les conversations téléphoniques. Sur 500 conversations, le pronom personnel « je » avait été utilisé 3 900 fois.

Notre égoïsme ou, pour le dire de manière plus délicate, notre intérêt pour nous-mêmes est omniprésent dans la morale des grandes fables. Icare se brûle les ailes à

---

1. Extrait de l'épitaphe gravée sur un monument à la mémoire du terre-neuve du poète, mort le 18 novembre 1808 (abbaye de Newstead, Angleterre).

la chaleur du soleil et plonge dans l'océan parce qu'il ne pense qu'à lui-même, ignorant les mises en garde de son père. Jeannot Lapin s'expose à la colère de M. McGregor en entrant dans son potager après avoir désobéi à sa mère. Et pourquoi Adam et Ève ont-ils désobéi à Dieu dans le jardin d'Éden ? Parce qu'ils n'ont pensé qu'à eux.

Tout le monde n'est pas capable de changer cet intérêt pour soi. C'est une donnée fondamentale. Nous naissons avec un instinct de confrontation ou d'évitement. C'est-à-dire que tout nous pousse, en paroles et en actes, à l'auto-préservation. Mais nous oublions souvent d'en mesurer les conséquences.

Si nous n'y prenons pas garde, cette attitude de défense peut tourner à l'isolement, empêcher des interactions constructives et, dans certains cas, nous barrer la route du progrès dans les relations humaines.

Comme la ville de Troie, dont les hauts remparts furent à l'origine de sa chute, nous pouvons nous replier sur nous-mêmes pour notre plus grand malheur.

Comme l'a écrit le célèbre psychothérapeute autrichien Alfred Adler : « L'individu qui ne s'intéresse pas à ses semblables est celui qui rencontre le plus de difficultés dans l'existence et nuit le plus aux autres. C'est de tels individus que viennent tous les échecs de l'humanité. »

C'est une affirmation très audacieuse, mais les faits la confirment. Les plus grands échecs de l'humanité, depuis les champs d'exécution du Cambodge à la chute de Lehman Brothers, sont la conséquence de l'intérêt de certains individus pour eux seuls, sans se soucier des dommages collatéraux.

Ce sont là des exemples extrêmes, mais ceux que l'on constate au quotidien sont tout aussi perturbants. Le directeur juridique épinglé pour un pot-de-vin n'a jamais pensé aux actionnaires qui comptaient sur cet argent pour leur retraite. L'athlète professionnel qui s'est dopé n'a jamais réfléchi à l'impact de ses actes sur ses coéquipiers, sur l'avenir de son équipe ou sur le sport qu'il prétend aimer. Le mari et père pris au piège de ses mensonges se préoccupait davantage de préserver sa double vie que de protéger les siens.

Pourtant, les enjeux ne s'arrêtent pas là. Relisons la première phrase d'Adler : « L'individu qui ne s'intéresse pas à ses semblables est celui qui rencontre le plus de difficultés dans l'existence et nuit le plus aux autres. » Adler explique tout simplement qu'une vie centrée sur soi est la moins agréable de toutes. C'est une existence de conflits permanents. Sans beaucoup de vrais amis. Avec une influence superficielle et éphémère.

Ce principe peut sembler difficile à appliquer à une époque où l'on nous incite à ressasser nos centres d'intérêt et à les étaler au plus grand nombre. Mais cette ancienne maxime demeure vraie : « Quiconque s'élèvera sera abaissé, et quiconque s'abaissera sera élevé[1]. » En fin de compte, notre efficacité face aux autres est affaire de motivation et d'offre. Pourquoi communiquons-nous et de quoi faisons-nous la promotion ?

---

1. Matthieu, 23 : 12.

Aujourd'hui, les gens sont mieux informés et donc plus intuitifs que jamais. Nous ne sommes pour la plupart pas dupes d'une personne qui ne communique que dans son intérêt personnel. Nous repérons les stratagèmes à un kilomètre. Nous fuyons les approches sournoises. Et, au contraire, nous sommes attirés par ce qui a l'air authentique et durable. Nous nous engageons auprès de ceux dont les messages promettent un bénéfice mutuel. Andrew Sullivan, l'un des blogueurs politiques les plus en vue aux États-Unis, s'intéresse à ces sujets depuis plus d'une dizaine d'années. Il fut l'un des plus jeunes rédacteurs en chef du magazine américain *The New Republic*. Au début des années 1990, il apprit sa séropositivité, ce qui équivalait à l'époque à une condamnation à mort. Le post qu'il publia à ce sujet lui valut de devenir l'un des blogueurs politiques les plus lus, avec une audience de plus de 300 000 visiteurs uniques par mois en 2003.

L'une des différences entre Sullivan et ses pairs est qu'il a établi une interaction avec ses lecteurs. Il voulait que son blog, *The Daily Dish*, aille au-delà de la politique. Il voulait des lecteurs fidèles qu'il tenait sincèrement à mieux connaître.

Il eut l'idée d'une rubrique, « La vue depuis votre fenêtre », dans laquelle il proposait aux lecteurs de publier une photo de leur environnement. Comme pour la plupart des initiatives sur Internet, il ne savait pas si cela marcherait. « Je voulais voir leur monde, expliqua-t-il. J'en disais beaucoup sur le mien à tous ces gens, mais la communication à sens unique finit par être lassante[1]. » Cela n'avait rien d'anodin et ses liens avec son lectorat se renforcèrent. Par la suite, le blog de Sullivan fut intégré au site Internet du magazine *The Atlantic Monthly*, dont la fréquentation augmenta de 30 %. Sans surprise, les lecteurs de Sullivan lui restèrent fidèles quand il transféra son blog chez *Newsweek* puis *The Daily Beast*. Les gens sont attirés par ceux qui s'intéressent à ce qui les intéresse.

L'ironie de ce principe – s'intéresser à ce qui intéresse les autres – est que son efficacité repose sur l'intérêt des autres pour eux-mêmes. Ce qui amène deux réflexions. D'abord, l'intérêt pour soi, dans sa forme la plus pure, fait partie de la nature humaine – le réflexe de confrontation ou d'évitement est une réalité. Ce principe ne la remet pas en cause mais souligne que la plupart des gens oublient la deuxième partie de l'équation : les autres. Ils ne considèrent que leurs propres centres d'intérêt. Si ce principe est puissant, c'est précisément parce qu'il est rare que l'être humain se projette à l'extérieur de lui-même. En conséquence, celui qui s'intéresse chaque jour à ce qui intéresse les autres est un être à part, dont on se souvient, que l'on apprécie et à qui l'on accorde sa confiance. Et plus la confiance est grande, plus l'influence est solide.

Ensuite, ce principe porté à l'extrême n'aboutit pas au total déni de soi. Notez bien qu'il ne s'agit pas de « remplacer ses centres d'intérêt par ceux des autres »,

---

1. Conversation relatée à l'auteur par un ancien rédacteur de discours présidentiels.

mais de « s'intéresser à ce qui intéresse les autres ». Et c'est là le secret de son application. En intégrant les centres d'intérêt des autres aux vôtres – pas seulement pour mieux connaître votre marché ou votre lectorat –, vous vous rendrez compte que vous y trouverez vous-même un bénéfice.

Prenez Anne Rice, qui a vendu plus de 110 millions de livres dans sa carrière. Elle doit son succès à ses fameuses « Chroniques des vampires », dont *Entretien avec un vampire* qui fut adapté au cinéma. Au-delà de ses talents d'écrivain, elle doit une part de son succès à son intérêt sincère pour ses lecteurs. Elle répond à chaque courrier sans exception, ce qui lui a valu, à une époque, d'employer trois personnes à temps plein.

Son intérêt pour les autres n'a jamais été dicté par des arrière-pensées commerciales. « Je trouvais que c'était gentil et généreux de la part des gens de s'intéresser à moi, explique-t-elle. Comment aurais-je pu ne pas répondre ? Je voulais qu'ils sachent que j'appréciais leurs lettres et que je les appréciais, eux aussi[1]. »

Facebook et Twitter ont offert à Anne Rice un contact plus direct encore avec ses fans : « C'est formidable, nous discutons de tant de choses[2] ! » Récemment, elle a écrit sur sa page Facebook : « Je crois que nous devons nous rappeler que Facebook, et Internet en général, sont ce que nous décidons d'en faire. Cette page a accompli quelque chose d'extraordinaire et peut-être d'unique.

---

1. Extrait du site d'Anne Rice : www.annerice.com
2. *Ibid.*

C'est une vraie communauté, infiniment plus puissante que la somme de ses membres, et je vous remercie d'en faire ce qu'elle est : de nourrir tant de discussions essentielles et captivantes. »

Ce résultat est aussi important pour un dirigeant d'entreprise que pour un auteur ou un blogueur. Dans son témoignage devenu culte[1], Steve Beecham admet sans détours :

> « Je n'ai jamais pensé que j'étais un homme d'affaires exceptionnel. [...] Le pays connaissait le plus grand boom du refinancement de crédit de son histoire et [...] j'y ai sauté à pieds joints. Malheureusement, la source s'est tarie avant que j'aie les pieds mouillés. Pendant six mois, je n'ai pas décroché un seul contrat et, quand j'ai fini par en signer un, c'était sur la maison de mon frère. [...] Au lieu de relancer une autre activité, j'ai entrepris de trouver une solution pour faire vivre mon entreprise. C'est à ce moment-là que le vent a tourné pour moi. »

Avant de se lancer dans le crédit immobilier, Beecham avait déjà essuyé deux échecs avec un magasin et une entreprise de recyclage. Il avait toutes les raisons d'abandonner et de retourner sur les bancs de l'école ou de passer les rênes à quelqu'un. Il résista assez longtemps à cette tentation pour se rendre compte qu'il avait adopté la mauvaise approche depuis le début : il cherchait à faire des affaires alors qu'il aurait dû chercher à créer des liens. La suite de son histoire décrit sa rencontre inopinée,

---

1. Steve Beecham, *Bass-Ackward Business*, BookSurge Publishing, 2010.

dans un parking, avec une célébrité qui lui fit découvrir la valeur profonde de l'intérêt pour les autres:

> «Avant que je puisse dire autre chose, il commença à me poser des questions. [...] Où avez-vous grandi? Qu'est-ce que vous faites dans la vie? Dans quelle grande école avez-vous étudié? Comment s'appellent vos enfants? En le quittant, je me suis senti tout petit. [...] D'une manière discrète et réservée, il s'était élevé dans mon esprit.»

Beecham tira de cette rencontre une leçon inestimable. À compter de ce jour, il mit un point d'honneur à poser des questions attentionnées à chaque nouvelle personne qu'il rencontrait et à tous ceux qu'il connaissait mal. «Plus précisément, explique-t-il, j'ai décidé de devenir celui qui résout les problèmes [...] sans rien attendre en échange. C'est à ce moment-là que mes affaires ont commencé non seulement à aller mieux, mais à décoller.»

En quelques mois, la société de crédit immobilier de Beecham connut un véritable boom. Plus important peut-être, depuis une dizaine d'années, son activité se fonde uniquement sur le bouche-à-oreille. Selon lui, un quart des appels quotidiens concernent tout autre chose que l'obtention d'un prêt – ce dont il est très fier. On lui demande conseil pour trouver un bon garagiste, un restaurant où emmener dîner ses beaux-parents ou encore un courtier en assurances-vie.

Si tant de gens l'appellent, explique Beecham, c'est parce qu'il est connu dans les environs comme l'homme à qui l'on peut toujours s'adresser. «Et je ne dois pas ma popularité à des conférences gratuites sur les prêts immobiliers ou à des panneaux publicitaires affichant ma bonne bouille, dit-il avec humour. Je la dois au fait d'avoir aidé les gens sans les pousser à l'achat. C'est pourquoi Thoreau a raison d'écrire que "la bonté est le seul investissement qui rapporte toujours". »

Cet état d'esprit est accessible à chacun d'entre nous, dans toutes nos interactions avec les autres. Rien de plus simple que de vouloir apprendre à connaître les gens et les aider à résoudre un problème ou à obtenir ce qu'ils souhaitent. Ce n'est pourtant pas la manière dont la plupart des individus envisagent leurs relations professionnelles.

« Je te gratterai le dos si tu grattes le mien » : ce n'est pas de la réciprocité, c'est du troc, une différence de perspective qui ôte toute magie à la relation. Et c'est la pureté de la magie qui rend un échange inoubliable. C'est cela qui nous attire.

De nos jours, nous n'avons aucune excuse pour ne pas nous intéresser à ce qui intéresse les autres. Même sans faire partie de clubs, associations ou autres groupes propices aux rencontres, les opportunités ne manquent pas d'en apprendre un peu plus sur ce qui anime les gens. Que se passerait-il si vous consacriez chaque jour cinq minutes à lire la page Facebook de trois amis, la notice biographique de trois clients ou le blog personnel de trois employés ? Pour commencer, vous apprendriez certainement quelque chose sur eux. Sans doute aussi les apprécieriez-vous peu à peu davantage. Il se peut que vous partagiez les mêmes centres d'intérêt – voilà de quoi alimenter une conversation à venir, peut-être même une collaboration. Il se peut qu'une personne traverse un moment difficile – voilà l'occasion de lui manifester votre soutien. Il se peut que vous ayez un ami en commun avec une autre – cela ne faciliterait-il pas vos relations, dans la mesure où vous avez la confiance d'une même personne ? Il ne faut jamais sous-estimer l'importance des affinités.

Amy Martin est la fondatrice de l'agence de communication The Digital Royalty, spécialisée dans les médias sociaux. Le magazine *Forbes* l'a classée parmi les vingt femmes les plus douées pour promouvoir leur marque sur Twitter. Voici ce qu'elle a écrit après avoir assisté pour la première fois à une course de stock-cars à Daytona : « On a tendance à ne pas aimer ce que l'on ne connaît pas. Beaucoup de gens ne comprennent pas [...] l'intérêt de cette soi-disant "interminable journée de virages à gauche et de nuques longues". » Elle-même était dans ce cas avant d'assister au Daytona 500 en 2011. Après cette expérience, elle a chanté les louanges de la Nascar[1], qui parvient à créer un lien fort et authentique avec les fans, comme l'on en voit rarement dans le monde du sport professionnel.

« Voici ce que j'ai appris, écrit-elle. Les pilotes répondent aux questions des fans et leur signent des autographes le jour de la course. Or le Daytona 500 est la plus grande

---

1. National Association for Stock Car Auto Racing, qui organise aux États-Unis les principales courses de stock-cars comme celles de Daytona. Le Daytona 500, une course sur circuit de 500 *miles*, est surnommé « le Super Bowl de la course automobile ». *(N.d.T.)*

course de l'année pour la Nascar. Je ne pense pas que Brett Favre papotait avec les milliers de fans le jour de la finale du Super Bowl. On m'a remis un pass qui me donnait accès à tout. C'était génial et presque embarrassant, au point que j'avais parfois peur de gêner les équipes. J'étais au cœur de l'action et je n'étais pas la seule. Tout ça pour dire que les fans peuvent aller où ils veulent. »

Amy Martin trouve que la philosophie de la Nascar devrait inspirer les autres sports. Elle avance les raisons suivantes, photos à l'appui :

- Le libre accès crée des liens (les fans peuvent signaler l'endroit où aura lieu la course).

- Les liens créent des rencontres (à tout âge).

- Les rencontres créent des affinités (certains visages ne trompent pas).

- Les affinités créent l'influence (si tant de marques s'affichent à la Nascar, ce n'est pas par hasard).

- L'influence entraîne la conversion (voyez ces fans prêts à acheter tout ce que leur vendrait ce pilote).

Elle conclut en imaginant l'impact qu'aurait la Nascar si elle utilisait les réseaux sociaux pour créer des liens d'une telle qualité au-delà de sa base de fans – soit 150 000 personnes dans le public et 30 millions de téléspectateurs : « Il y a un énorme potentiel si vous donnez le même accès aux coulisses de l'événement à un plus large public via les médias sociaux. Imaginez que ce que vivent les fans présents à Daytona soit proposé à des milliards de fans potentiels [sur Facebook, Twitter et YouTube] qui ne regardent pas la course à la télévision[1]. »

Le billet d'Amy Martin illustre les deux points-clés du principe qui consiste à s'intéresser à ce qui intéresse les autres, appliqué au monde actuel :

1. Les relations humaines sont toujours plus faciles quand elles se construisent sur une affinité.

2. Le potentiel de croissance d'un réseau relationnel est astronomique.

Ce qu'il faut retenir, c'est que vous devez vous intéresser de manière sincère aux autres avant d'espérer que quiconque s'intéresse à vous. Comme l'a dit John C. Maxwell, auteur de plusieurs livres sur le leadership : « Sauf imprévu, les gens font affaire avec des personnes qu'ils apprécient. En cas d'imprévu aussi. » On apprécie les gens qui nous apprécient. Alors, pour être aimé, il faut montrer de l'admiration pour ce que les autres disent ou font.

On entend souvent que les gens ne s'intéressent plus beaucoup aux autres. Le « je » domine nos manières de penser, d'agir et de communiquer. Et pourtant, nous avons tant d'occasions de rester en contact, d'en apprendre davantage, de montrer notre intérêt. En modifiant simplement une toute petite partie de vos journées, vous pouvez changer de façon spectaculaire la manière

---

1. Amy Jo Martin, « Give NASCAR a Chance », The Digital Royalty, 25 février 2011, www.thedigitalroyalty.com/2011/give-nascar-a-chance-2

dont les autres perçoivent votre degré d'intérêt pour eux. En adoptant une nouvelle politique d'engagement client, vous pouvez changer de façon spectaculaire la manière dont le marché perçoit votre entreprise.

Au lieu de consacrer trop de temps à peaufiner vos outils de communication numérique, tissez des liens avec vos amis, vos collègues et vos clients. Publiez des commentaires courts et admiratifs. Échangez avec eux et découvrez quel problème vous pouvez les aider à résoudre, quel projet vous pouvez les aider à mener à bien. Si vos efforts sont sincères, vous avez de bonnes chances de nouer une relation constructive. Une collaboration débouchant sur un bénéfice mutuel devient alors possible. Et de nos jours, une relation et une collaboration de qualité peuvent vite devenir contagieuses.

2

Souriez

Il est quasiment impossible de convaincre 100 % des gens. Prenez les quelques pas de Neil Armstrong sur la Lune, en 1969 : 25 % des Britanniques pensent qu'ils n'ont jamais eu lieu[1], et seuls 94 % des Américains y croient[2]. Dans des pays comme le Mexique, la Chine ou l'Indonésie, moins d'un tiers des personnes interrogées pensent qu'Al Qaïda est impliqué dans les attentats du 11 Septembre à New York et Washington. Aux États-Unis, 16 % des gens croient que les tours jumelles se sont effondrées sous l'effet d'explosifs et non à cause des avions qui les ont percutées[3]. Et près de la moitié des Européens croient en Dieu[4].

---

1. « Could Moon Landings Have Been Faked ? Some Think So », CNN, 17 juillet 2009. http://edition.cnn.com/2009/TECH/space/07/17/moon.landing.hoax
2. « Landing a Man on the Moon : The Public's View », Gallup, 20 juillet 1999, www.gallup.com/poll/3712/landing-man-moon-publics-view.aspx
3. Thomas Hargrove, «Third of Americans Suspect 9-11 Government Conspiracy», Scripps Howard News Service, 1er août 2006, www.scrippsnews.com/911poll
4. «Social Values, Science, and Technology », Commission européenne, juin 2005, http://ec.europa.eu/public_opinion/archives/ebs/ebs_225_report_en.pdf

Une chose fait l'unanimité, toutefois. Selon l'American Academy of Cosmetic Dentistry, 99,7 % des adultes pensent que le sourire est un capital social important[1]. Une statistique difficile à contester, même quand on n'a aucun intérêt financier dans ce secteur.

Les sourires et les rires nous attirent. Pensez aux vidéos les plus regardées sur YouTube : les deux premières sont remplies de sourires. Dans l'une, un garçon de trois ans, Harry, joue avec Charlie, son petit frère d'un an, quand celui-ci lui attrape un doigt et le met dans sa bouche avant de le mordre. Harry pousse un cri et retire son doigt. Pendant ce temps, Charlie sourit. Sa bonne humeur finit par gagner son frère et la scène se termine en rires[2]. Dans la deuxième vidéo, un bébé sourit puis rit de bon cœur, pendant près de deux minutes, en réaction aux sons ridicules que profèrent ses parents. Ces deux vidéos ont été regardées un demi-milliard de fois. Cela en dit long sur le plaisir que nous avons à voir des mines réjouies. Selon le journaliste scientifique Daniel McNeill, le sourire est inné[3]. Deux à douze heures après la naissance, écrit-il, une certaine forme de rictus apparaît. Personne ne sait quel est le sens de ces sourires – McNeill pense qu'ils n'en ont pas –, mais les études montrent qu'ils sont très importants dans le processus d'attachement.

---

1. « Teeth Whitening », American Academy of Cosmetic Dentistry, www.aacd.com/index.php?module=cms&page=procedures/teethwhitening.asp&CTGTZO=-420&CTGTZL=-480

2. http://www.youtube.com/watch?v=_OBIgSz8sSM

3. Daniel McNeill, *The Face: A Natural History*, New York, Little, Brown & Company, 1998.

Ce que personne ne conteste, toutefois, c'est le pouvoir d'un sourire, quelle que soit son origine.

McNeill note que, si « devant un tribunal, le fait de sourire n'a pas d'incidence sur la reconnaissance de la culpabilité, les juges infligent des peines plus légères à ceux qui sourient, un phénomène que l'on nomme "effet d'indulgence du sourire"[1] ».

Le sourire a aussi un effet contagieux. Nicholas Christakis, médecin et sociologue à Harvard, et James Fowler, spécialiste de sciences politiques à l'université de Californie, à San Diego, ont publié en 2008 un article dans le *British Medical Journal* intitulé : « La propagation dynamique du bonheur au sein d'un grand réseau social ». Ils savaient déjà que les émotions pouvaient se propager d'une personne à l'autre sur un court laps de temps, par le phénomène dit de « contagion émotionnelle ». Mais ils voulaient savoir si le bonheur pouvait se propager largement et de manière durable au sein de réseaux sociaux. Ils ont suivi 4739 personnes de 1983 à 2003, elles-mêmes au cœur d'un réseau plus large de 12067 personnes, chacun ayant en moyenne 11 connexions (amis, famille, collègues et voisins). Les chercheurs ont procédé à une évaluation standardisée de leur bonheur à quelques années d'intervalle. Les résultats de leur étude ont confirmé l'impact d'une personne heureuse, le sourire étant un vecteur direct de l'émotion positive. Les réseaux sociaux, concluent-ils,

---

1. «The Truth Behind the Smile and Other Myths : When Body Language Lies », Harvard Business School, 30 septembre 2002.

« se composent de groupes de gens heureux et malheureux qui s'étendent jusqu'à trois degrés de séparation. Le bonheur d'une personne est lié à celui de ses amis, des amis de ses amis, et des amis des amis de ses amis – c'est-à-dire à des gens qui se situent bien au-delà de son horizon social. Nous avons trouvé que les personnes heureuses ont tendance à être situées au centre de leurs réseaux sociaux et au sein de larges ensembles d'autres personnes heureuses. Et nous avons trouvé que chaque nouvel ami heureux augmente d'environ 9 % la probabilité d'être heureux. En comparaison, une hausse de revenus de 5 000 dollars (valeur de 1984) augmente d'environ 2 % la probabilité d'être heureux. En résumé, le bonheur n'est pas seulement fonction de l'expérience personnelle, mais suit une logique de groupe[1] ».

Mais quid depuis 2003 ? Les barrières numériques omniprésentes qui se sont dressées entre nous filtrent-elles nos émotions au lieu de les propager ? Le bonheur peut-il toujours se répandre dans un tel monde ? Selon les chercheurs, la réponse est oui – si toutefois nous voyons les gens sourire.

Christakis et Fowler ont prolongé leur étude initiale en suivant cette fois un groupe de 1 700 étudiants interconnectés sur Facebook. Ils ont examiné leur profil, déterminé qui étaient leurs amis les plus proches et étudié leurs photos, notant ceux qui souriaient et ceux qui ne souriaient pas sur leur photo de profil. Puis ils ont établi une cartographie, en représentant chaque

---

1. Nicholas A. Christakis et James H. Fowler, « Social Networks and Happiness », *Edge*, 2008, www.edge.org/3rd_culture/christakis_fowler08/christakis_fowler08_index.html

étudiant par un point. Ils ont relié par un trait ceux qui apparaissaient ensemble sur une photo, les considérant comme des amis proches. Ils ont ensuite coloré en jaune les étudiants qui sourient et sont entourés de personnes souriantes dans leur réseau, et en bleu ceux qui ne sourient pas et sont entourés de personnes aussi peu souriantes. Enfin, des points verts indiquaient un mélange d'amis souriants ou non.

Leur représentation graphique montre de manière saisissante des regroupements de points jaunes (souriants) et de points bleus (austères), les groupes jaunes étant plus fournis que les bleus. Par ailleurs, les bleus semblent occuper une position plus excentrée.

Ce résultat ne constitua guère une surprise pour Christakis et Fowler, qui notent :

> « L'analyse statistique du réseau montre que les personnes qui sourient ont tendance à avoir plus d'amis (un de plus en moyenne, ce qui est beaucoup si l'on considère que ces étudiants ont en moyenne six amis proches). En outre, elle confirme que ceux qui sourient se situent bien plus au centre du réseau, comparés à ceux qui ne sourient pas. C'est-à-dire que si vous souriez, vous risquez moins d'être en périphérie du monde connecté. »

Ils concluent à la suite de ces observations : « Sur Internet comme dans la vie réelle, le monde semble donc sourire à ceux qui sourient[1]. »

Et ce phénomène s'explique par une raison simple : un sourire exprime à ceux qui nous entourent notre joie

---

1. *Ibid.*

d'être en leur présence, de les rencontrer, d'échanger avec eux. Ils se sentent alors plus heureux à leur tour. Pour celui qui n'a côtoyé de la journée que des mines renfrognées, un sourire est un rayon de soleil. Le vôtre est souvent le premier messager de votre bienveillance. Bien sûr, nous n'avons pas toujours envie de sourire, mais si nous faisons cet effort, nous rendons plus heureux non seulement les autres, mais nous-mêmes. Tout le monde en est capable et le bénéfice que l'on en retire peut être étonnant.

Depuis une dizaine d'années, les courriels et les SMS ayant supplanté la communication orale, on peut avoir l'illusion de vivre dans un désert émotionnel. Les entrepreneurs, les dirigeants d'entreprises et de nombreux professionnels peuvent mener leur activité avec très peu de contacts réels. Beaucoup de moyens de communication modernes font que l'on oublie de temps à autre l'importance d'un sourire.

À bien des égards, nos courriels et SMS sont les télégrammes des temps modernes, avec leur part d'imperfection. Un jour, un journaliste envoya le télégramme suivant à Cary Grant pour lui demander son âge : *« How old Cary Grant ? »* L'acteur répondit : *« Old Cary Grant fine. How you*[1] *? »*

---

1. « Le vieux Cary Grant va bien. Et vous ? » Le style télégraphique de la question du journaliste, qui ne contient pas de verbe, permet en effet de la comprendre de deux manières : « Quel âge a Cary Grant ? » *(How old [is] Cary Grant ?)* ou « Comment va le vieux Cary Grant ? » *(How [is] old Cary Grant ?)*. (N.d.T.)

Il est vrai que notre inclination aux malentendus est forte. Ajoutez-y de la technologie et elle devient encore plus inévitable. Là où les télégrammes étaient ambigus, nos technologies modernes peuvent devenir asphyxiantes. Le pic de diffusion des télégrammes a été atteint en 1929, avec 200 millions de messages. En avril 2010, près de 300 milliards de courriels étaient envoyés chaque jour[1]. Si vous y ajoutez l'avalanche de SMS, de messages instantanés et de commentaires sur Facebook, c'est un petit miracle que le monde n'ait pas sombré dans l'anarchie !

Voilà qui est de bon augure pour les sourires, notre meilleur rempart contre les malentendus – même s'ils prennent la forme des émoticônes, ces petits visages composés de caractères typographiques, dont l'intérêt est de préciser un état d'esprit dans nos messages écrits. Déplorant les limites de ces représentations graphiques, les trois principaux opérateurs mobiles japonais (NTT DoCoMo et SoftBank Mobile) ont créé les « Emoji », de petites images colorées qui décrivent une large palette d'émotions et utilisent de nombreux symboles pour mieux simuler un échange *de visu*. Google les a adoptés pour sa plateforme de messagerie et ils sont en cours d'intégration dans l'ensemble des iPhones. Toutefois, aussi mignonnes ces images soient-elles, il serait malvenu d'en agrémenter vos courriels au conseil d'administration de votre entreprise, à un client

---

1. « How Many Emails Are Sent Every Day ? », About.com, http://email.about.com/od/emailtrivia/f/emails_per_day.htm

mécontent ou à un prospect. Les émoticônes ont surtout leur place dans les conversations informelles, où elles se révèlent tout à fait utiles. Comment alors communiquer votre sourire tout en conservant un certain degré de professionnalisme ? La solution est peut-être plus simple que vous ne pensez.

Au-delà des émoticônes et des Emoji, une seule chose peut véhiculer votre sourire virtuel : votre voix, à l'écrit comme à l'oral. Lorsque vous rédigez un courriel, votre ton et les mots que vous choisissez sont de précieux outils pour exprimer votre cordialité. Les mots que l'on écrit sont comme les commissures des lèvres : ils pointent vers le haut ou vers le bas, ou restent neutres. Leur capacité à séduire et à convaincre est en grande partie liée à l'émotion qu'ils suscitent.

Si vous souriez à travers vos mots, vous indiquez à votre interlocuteur que son bien-être vous importe. Votre message et vous-même multipliez vos chances d'être bien perçus. Si vos mots trahissent un état d'esprit revêche, vous provoquerez bien souvent une réaction en miroir chez celui ou celle qui les reçoit.

Certains cas exigent bien sûr un ton plus solennel. Mais la règle de base à suivre demeure valable : commencez et terminez toujours sur une note positive. Entre deux personnes, il existe presque toujours une raison de sourire. Si vous n'en trouvez pas, vous feriez peut-être mieux d'attendre avant d'écrire ou de ne rien écrire du tout. On peut tout autant gâcher une relation par quelques mots trop vite envoyés que par une violente attaque verbale.

Et la raison en est simple : les écrits restent et sont difficilement contestables. Vous aurez beau réfuter le ton négatif ou indélicat de votre courriel, vous ne pourrez que rarement effacer l'impression qu'il aura produite sur son destinataire. Et de nos jours, une telle impression peut se propager rapidement et dégrader des rapports entre employés, entre départements et même menacer des chaînes de valeur tout entières.

«Qui se ressemble s'assemble», dit le proverbe. À l'heure des réseaux sociaux, il prend un nouveau relief, comme le souligne le magazine *Fast Company* dans un article consacré à une étude universitaire : «Au-delà des nombreux autres facteurs qui poussent les gens les uns vers les autres, les personnes tristes ou heureuses tendent à communiquer sur Twitter avec d'autres personnes tristes ou heureuses.»

L'équipe du professeur Johan Bollen, de l'université de l'Indiana, a analysé les fils Twitter de 102 000 utilisateurs pendant six mois, soit 129 millions de tweets.

> «L'analyse s'est servie d'algorithmes standard empruntés à la recherche en psychologie pour évaluer le "bien-être subjectif" des utilisateurs sur la base de leurs tweets, en y cherchant des tendances positives ou négatives. Puis nous avons regardé les tendances d'agrégation et avons découvert que les personnes heureuses écrivent et re-tweetent le plus souvent à des personnes heureuses elles aussi. Il en va de même pour les personnes malheureuses.»

Au vu de ces résultats, Bollen émet l'hypothèse qu'un tweet serait plus contagieux que nous pouvons le penser et qu'il «communique avec force la joie ou la tristesse. Les personnes heureuses préféreraient alors (en moyenne) s'adresser à leurs homologues parce qu'ils leur renvoient leurs propres émotions[1]».

Quoi qu'il en soit, si vous ne parvenez pas à exprimer assez d'émotions positives par écrit, mieux vaut privilégier la page blanche ou éventuellement insérer un Emoji dans votre message – quitte à écorner votre image de sérieux. En d'autres termes, donner l'impression de manquer un peu de professionnalisme n'est pas la pire des choses. L'objectif est évidemment d'éviter d'être perçu de manière négative. C'est tout à fait possible. Il est peut-être temps d'accorder plus de valeur aux qualités d'expression écrite dont vos professeurs vous disaient qu'elles vous serviraient un jour. Ils n'avaient pas tort, finalement.

À l'oral, le ton que vous employez est tout aussi important. Le choix des mots et l'intonation en disent souvent davantage que les paroles elles-mêmes. Vous avez certainement déjà entendu cette citation: «Ce que vous êtes parle si fort que je n'entends pas ce que vous dites.» On pourrait tout aussi bien dire: «Votre ton parle si fort que je n'entends pas ce que vous dites.»

Si vous dites à quelqu'un par téléphone que vous êtes ravi de l'entendre, sans aucune inflexion de voix ni le moindre mouvement du visage, cela n'a pas beaucoup

1. Kit Eaton, « New Twitter Research : Happy Tweeting Could Win Business», *Fast Company*, 16 mars 2011, www.fastcompany.com/1739325/attention-corporate-tweeters-be-happy-when-twittering-it-could-win-business

de sens. Vous donnez le sentiment que la conversation vous laisse indifférent ou, pire encore, que l'on vous dérange. Pour éviter cela, il suffit de se comporter comme si cet échange avait lieu *de visu*.

De nombreuses études ont prouvé que l'acte physique de sourire, même au téléphone, modifie positivement le ton de la voix. Ce n'est pas un hasard si tous les professeurs de chant et autres coachs vocaux répètent que la voix est plus agréable et plus séduisante lorsque l'on sourit. En d'autres termes, un sourire s'entend, que votre interlocuteur vous voie ou pas.

Lorsque l'on cherche à obtenir suffisamment d'influence pour amener quelqu'un à changer, il faut commencer par pousser la porte d'une relation humaine solide. Un sourire a le pouvoir d'ouvrir cette porte, qu'il soit physique, écrit ou oral.

Rosalind Picard, professeur au MIT Media Lab, a acquis une reconnaissance internationale grâce à ses recherches sur l'«informatique affective», qui visent à intégrer les émotions dans la communication entre l'homme et la machine. Les avancées scientifiques qu'elle présente dans son livre sont stupéfiantes – des machines dotées de «visages» qui peuvent réagir aux compliments ou aux réprimandes, aux encouragements ou aux reproches[1]. Bien sûr, ces robots se contentent d'exécuter des ordres préprogrammés, tout comme l'écran d'un ordinateur réagit à l'activation d'une touche du clavier. Ces machines

1. Rosalind Picard, *Affective Computing*, Cambridge (Mass.), MIT Press, 2000.

reproduisent des attitudes physiques, des paroles et des intonations qu'elles ne ressentent pas. Mais ce qui est intéressant, c'est que nous puissions programmer de telles choses. Cela suffit à prouver que nous connaissons très bien les réactions spontanées que nous pouvons attendre de nos congénères. Nous sommes tous « câblés » comme ces machines, l'émotion en plus.

« Il y a deux types de personnes, a écrit Chris Brogan, spécialiste du Web 2.0,

> celles pour qui l'ordinateur/Internet/les boutons sont reliés à des êtres humains animés par des sentiments, et celles pour qui tout cela reste virtuel et n'est relié à rien. Comme si le téléphone n'était qu'une machine dans laquelle on parle et dont les émotions sont absentes. Ce n'est pas seulement virtuel. Les gens ont des sentiments qu'ils associent à ces lieux "à distance".
>
> Oui, les gens ont souvent des réactions excessives. Nous sommes d'accord là-dessus. Mais balayer les émotions d'un revers de main en raison du moyen de communication utilisé, c'est balayer d'un revers de main les lettres, le téléphone, les photos, etc. Beaucoup de choses se passent à distance et n'en ont pas moins de conséquences.
>
> Je suis profondément convaincu qu'il y a deux états d'esprit à l'œuvre et que cela explique bien souvent que l'une ou l'autre partie se sente mal comprise. Si l'on garde ce détail à l'esprit et si l'on sait à quel type de personne on a affaire [et comment l'autre nous perçoit], les choses ont de grandes chances de mieux se passer[1]. »

---

1. Chris Brogan, « Emotions at a Distance », 3 janvier 2010, www. chrisbrogan.com/emotions-at-a-distance

Les émotions sont d'infinis cadeaux (et fardeaux) que porte l'être humain. Cela peut tout aussi bien être enthousiasmant ou repoussant : c'est à vous de décider – et votre bouche en dit long sur votre choix. Comme quelqu'un l'a écrit un jour :

> « Un sourire ne coûte rien mais donne beaucoup. Il enrichit ceux qui le reçoivent sans appauvrir ceux qui le donnent. Il ne prend qu'un instant mais son souvenir peut durer toute une vie. Personne n'est riche ou puissant au point de pouvoir s'en passer, et personne n'est si pauvre qu'il ne peut en offrir. Cependant, un sourire ne peut être acheté, mendié, emprunté ni volé, car il n'a de valeur que lorsqu'il se donne. Certaines personnes sont trop lasses pour vous donner un sourire. Donnez-leur l'un des vôtres, car nul n'a autant besoin d'un sourire que celui qui n'en a plus à offrir. »

3

Domptez le pouvoir des noms

Le 10 mars 2010, l'un des plus grands cabinets d'avocats américains, Quinn, Emanuel, Urquhart, Oliver & Hedges, publia un communiqué de presse annonçant la nomination d'une nouvelle associée, Kathleen M. Sullivan. Ancienne doyenne de Stanford, diplômée de Cornell, de Harvard et d'Oxford, Sullivan est l'une des meilleures avocates américaines. Elle a été le professeur de Michelle Obama à Harvard et son talent est unanimement reconnu. Ses adversaires savent à quel point elle est redoutable. Sa nomination était parfaitement méritée. Les cabinets d'avocats, comme toutes les entreprises, changent leur organisation de temps à autre. Les avocats vont et viennent, tout comme les assistants juridiques. Le turn-over des associés est beaucoup plus rare, mais pas exceptionnel.

Pourquoi cette nomination était-elle si importante?

Parce que le cabinet allait être rebaptisé Quinn, Emanuel, Urquhart & Sullivan. Associer son nom à un cabinet d'avocats, surtout quand il est prestigieux, n'a rien d'anodin. Mais ce qui a rendu la nomination de Sullivan exceptionnelle, c'est qu'aucune femme avant elle n'avait associé son nom à l'un des plus grands cabinets d'avocats d'Amérique.

Depuis 1870, date à laquelle Ada H. Kepley fut la première femme à obtenir son diplôme d'avocat, aucun des meilleurs cabinets n'avait inscrit le nom d'une femme sur sa porte. Une barrière est tombée.

Commentant cette nomination, John Quinn, cofondateur du cabinet vingt-cinq ans plus tôt avec Eric Emanuel, a écrit : « Le fait d'associer son nom à celui du cabinet traduit l'intégration de nos expertises en première instance et en appel, et nos forces en tant que cabinet national. » Le nom d'une personne est puissant. Plus qu'un mot, c'est le symbole de quelque chose de plus profond et de plus significatif. Et cela ne vaut pas seulement pour les pionniers tels que Kathleen Sullivan.

Dans la littérature, ancienne ou moderne, le nom d'un personnage n'est jamais un simple patronyme ; c'est la révélation d'une personnalité et d'un destin. Apollon, Abraham et Atticus ; Cosette, Scarlett, Cendrillon et Pollyanna. À l'époque romaine, une personne était tellement associée à son nom que lorsque celui d'un criminel était rayé du registre civique, il perdait tous ses droits de citoyen. Aujourd'hui encore, certaines tribus d'Afrique pensent que le nom que l'on donne à un nouveau-né est comme une force qui va déterminer ses qualités, ses actes, son destin.

Pourquoi le nom d'une personne serait-il moins important à notre époque ? Il l'est peut-être davantage encore.

Mais c'est surtout le cas dans un contexte commercial, ce qui présente des avantages et des inconvénients. À l'ère numérique, un nom est comme le logo d'une entreprise : il ne dit pas seulement qui l'on est mais ce que l'on représente – ce que l'on aime ou pas, ce que l'on approuve ou non. Les centaines de millions de blogueurs et d'utilisateurs de Twitter ou Facebook veulent certes faire entendre leur voix, mais aussi faire connaître leur nom. Twitter et Facebook, en particulier, ne se sont pas contentés d'apporter leur pierre à l'économie de l'information ; ils ont en quelque sorte inventé une économie dans laquelle le nom est au centre d'une nouvelle forme de reconnaissance, qui peut désormais être valorisée. Sur Twitter et sur les blogs, votre valeur commerciale est fonction du nombre de personnes qui vous suivent. À mesure que l'audience s'accroît, les contrats d'édition et autres accords publicitaires se valorisent. Ree Drummond, dont le blog est classé dans le top 100 de Technorati, en est un excellent exemple.

Cette diplômée de l'université de Californie nourrissait de grands projets professionnels, envisageant une carrière d'avocate dans une grande ville, jusqu'à ce qu'elle rencontre son « cow-boy Marlboro » à un « stand de ravitaillement » dans l'Oklahoma, comme elle le dit elle-même. Oubliée l'école d'avocats de Chicago : elle se marie et part vivre dans le ranch familial de son époux, où elle se donne le petit nom de « Pioneer Woman[1] ». Ree

---

1. Rene Lynch, « The Pioneer Woman, an Internet and Publishing Sensation », *Los Angeles Times*, 23 septembre 2009, www.latimes.com/features/food/la-fo-pioneer23-2009sep23,0,623229.story

Drummond ouvre un blog en 2006, pour partager avec ses amis et sa famille le quotidien d'une vie inattendue mais pleine de satisfactions. En 2009, elle avait près de deux millions de lecteurs et son blog affichait une fréquentation mensuelle à huit chiffres. En 2010, elle signa deux contrats d'édition lucratifs qui donnèrent lieu à deux best-sellers du *New York Times*, et les recettes publicitaires de son blog lui rapportaient à elles seules environ un million de dollars par an[1].

La valeur potentielle de notre propre nom ne fait aucun doute. Mais au cas où nous serions tentés de l'oublier, connaître celui des autres peut rapporter encore davantage. Dave Munson, fondateur de l'entreprise Saddleback Leather, le sait bien. Il était professeur d'anglais bénévole au Mexique lorsqu'il fit fabriquer son premier sac en cuir par un artisan local, à partir d'un modèle qu'il avait lui-même dessiné. Ce sac remporta un tel succès dans les rues de sa ville natale, Portland (Oregon), qu'il décida de retourner au Mexique pour en produire quelques autres. Un mois plus tard, Munson revint à Portland avec huit sacs sous le bras qu'il vendit en trois heures. Saddleback Leather était née, animée par un objectif : « aimer des gens du monde entier en leur proposant des modèles en cuir de très haute qualité, solides et fonctionnels[2] ». Le secret de Munson ? Les clients l'appellent souvent sur son portable et il répond, par téléphone ou par courriel,

---

1. « How Much Do Bloggers Make ? Case Study : Ree Drummond *aka* The Pioneer Woman », ABDPBT, www.abdpbt.com/personalfinance/how-much-do-bloggers-make-case-study-ree-drummond-aka-the-pioneer-woman

2. www.saddlebackleather.com/Saddleback-Story

aux questions posées en ligne; il se rend plusieurs fois par an au Mexique pour garder le contact avec les artisans locaux qui fabriquent ses sacs. Ses visites ne sont pas de l'esbroufe. « Je donne l'accolade aux employés et je leur demande si je peux prier pour eux, explique-t-il. Lors de mes premières venues, je me souviens qu'ils n'en revenaient pas que je les appelle par leur nom et que je prenne le temps de discuter de leur vie personnelle. L'un d'eux a eu les larmes aux yeux. Et du coup, moi aussi[1]. »

Saddleback est fière, dit-il, de rester une entreprise familiale malgré des millions de dollars de chiffre d'affaires annuel. « J'ai entendu des tas d'histoires horribles de petites entreprises prospères qui ont voulu devenir des géants, guidées par l'appât du gain, et ont échoué, écrit-il sur son site Internet. Nous ne sommes pas comme ça. Nous sommes une famille et nous le resterons. Tous les soirs ou presque, je m'allonge près de ma femme et nous discutons des clients que nous avons croisés dans la journée. Nous voulons connaître votre nom[2]. » C'est ce niveau de personnalisation qui laisse penser que la longévité de Saddleback Leather n'aura rien à envier à celle de ses sacs, dont le slogan promet : « Ils se battront pour l'avoir quand vous serez mort! » Les opportunités de se faire connaître et celles de connaître les autres sont les deux faces d'une même médaille. Il y a l'émergence d'une marque – votre

---

1. Interview de Dave Munson, 18 avril 2011.
2. www.saddlebackleather.com/Saddleback-Story

présentation aux autres. Et il y a la construction d'une relation – l'interaction entre vous et les autres. Ce qui est intéressant, c'est que vous pouvez renoncer à la première et tout de même réussir. Si vous excellez à construire une relation, vous créerez votre marque et vous la ferez durer. Mais à l'inverse, vous ne pouvez pas compter sur votre seule marque pour réussir : il est indispensable de construire une relation. Au bout du compte, les affaires se résument toujours à un lien entre deux personnes. M. Bates, de Watkinsville (Georgie), en a fait l'expérience.

Ce chef d'entreprise a l'habitude d'emmener ses plus importants fournisseurs dîner au Bone's, un célèbre restaurant d'Atlanta, situé à une centaine de kilomètres de chez lui. Sa fidélité ne doit rien à la qualité de la carte, certes excellente mais comparable à celle de nombreux restaurants d'Amérique du Nord. Tout a commencé avec un serveur prénommé James.

Un soir, alors que M. Bates et son invité s'installaient à une table, James vint vers eux : « Bonsoir, monsieur Bates, dit-il. Merci d'avoir choisi notre restaurant. Je suis ravi de vous revoir. »

À entendre M. Bates, cet accueil fut loin d'être anodin : « Ce dîner m'a marqué. Je n'étais allé qu'une seule fois dans ce restaurant, six mois plus tôt. Non seulement James connaissait mon nom, mais il avait pris le temps de découvrir que j'étais déjà venu dîner au Bone's. J'étais loin d'être un habitué, mais c'est pourtant le sentiment que James m'a donné à travers cette petite attention. Vous connaissez le vieil adage selon lequel il faut traiter les gens comme ce qu'on voudrait qu'ils deviennent : c'est exactement ce qui s'est passé. »

Car cette petite attention a rapporté beaucoup : « Plus question d'emmener mes fournisseurs dîner ailleurs ! » Et à en juger par la popularité du Bone's, M. Bates n'est pas le seul à penser ainsi.

Si vous vous souvenez des gens, ils se souviendront de vous. Dans le cas contraire, votre sort n'est pas enviable. L'une des premières leçons qu'apprend tout politicien est la suivante : « Connaître le nom d'un électeur, c'est avoir l'étoffe d'un homme politique. L'oublier, c'est tomber dans l'oubli. » C'est un point commun à tous les grands leaders de l'Histoire. Lincoln, Churchill et Bonaparte avaient trouvé des moyens très efficaces pour retenir les noms. Consciemment ou non, ils rendaient hommage au mot d'Emerson : « Les bonnes manières sont faites de petits sacrifices. »

Napoléon III prétendait que, malgré toutes ses obligations, il pouvait se souvenir du nom de chaque personne qu'il rencontrait. Sa méthode ? Quand il n'entendait pas un nom distinctement, il disait : « Pardon, je n'ai pas très bien saisi. » S'il lui semblait difficile à retenir, il demandait : « Comment l'écrivez-vous ? » Pendant sa conversation avec l'intéressé, il prenait soin de prononcer son nom à plusieurs reprises, tout en s'appliquant à l'associer mentalement à sa physionomie et son aspect général. S'il s'agissait d'un personnage important, l'empereur, une fois seul, écrivait son nom sur une feuille de papier, le regardait, y concentrait son attention et ne jetait la feuille qu'après avoir gravé le nom dans son esprit. Ainsi, il frappait sa mémoire visuelle en même temps que sa mémoire auditive.

Mais nous avons aujourd'hui à relever des défis bien plus grands que ceux de Napoléon III. De nombreuses études montrent qu'Internet menace notre capacité de concentration encore davantage que la télévision. L'enchevêtrement des tweets, des statuts Facebook, des courriels, des messages instantanés et de ce que nous lisons sur les sites web commence à remodeler notre cerveau.

Dans un numéro de mai 2010 du magazine *Wired*, Nicholas Carr révèle qu'un professeur de l'université de Californie à Los Angeles a découvert qu'il suffisait de cinq heures de surf sur Internet pour modifier les circuits neuronaux. Il écrit :

> « Des dizaines d'études de psychologues, de neurobiologistes et de spécialistes de l'éducation parviennent à la même conclusion : quand nous nous connectons à Internet, nous entrons dans un environnement qui privilégie la lecture zapping, la pensée précipitée et l'apprentissage superficiel. Même si Internet nous donne accès à un grand nombre d'informations, il nous transforme en penseurs superficiels en modifiant littéralement la structure de notre cerveau[1]. »

« Il y a une telle impatience enragée dans la société actuelle », a écrit le critique de cinéma Roger Ebert en 2010. Il a raison. Mais ce n'est pas une excuse pour

---

1. Nicholas Carr, « The Web Shatters Focus, Rewires Brains », *Wired*, 24 mai 2010.

oublier le nom des gens. Au contraire, cela nous offre un défi à relever. Comme il est de plus en plus difficile pour de plus en plus de monde de retenir les noms, ceux qui y parviennent s'octroient un énorme avantage. Comment?

En utilisant quelques techniques simples. Au lieu de vous contenter de formules de politesse minimalistes comme «Salut» ou «Bonjour», prenez l'habitude de citer les noms: «Bonjour, Pierre», «Chère Pauline». Ce faisant, vous utilisez la technique de Napoléon III et visualisez la personne. Si vous avez suivi les conseils des chapitres précédents et découvert les centres d'intérêt des autres, gravez-les dans votre esprit: «Pierre est marié, il a trois filles et c'est un lecteur assidu d'Hemingway.» Cet exercice très simple ne vous aidera pas seulement à vous adresser à Pierre par son nom la prochaine fois que vous en aurez l'occasion, il contribuera également à vous donner de Pierre une représentation qui dépasse le simple cadre de vos échanges.

Un petit conseil, ici: attention au contexte dans lequel vous vous adressez aux autres. La plupart des gens ont plusieurs noms. Le célèbre entrepreneur Richard Branson est «Richard» pour ses amis, mais aussi «M. Branson» pour ses connaissances et «sir Richard» pour ses compatriotes britanniques. La société a beau être moins formelle qu'autrefois, rien de tel pour louper une entrée en matière que de s'adresser à quelqu'un de manière déplacée. Ben ou Benjamin? JF ou Jean-François? Fred ou Frédérique? Le mieux est encore de ne pas prendre de risques.

Ne dites pas «Alex» à Alexandre à moins qu'on ne vous l'ait présenté sous ce diminutif, qu'il ne vous ait demandé de l'appeler ainsi ou qu'il n'ait utilisé ce nom dans un message téléphonique, un SMS ou un courriel. Si l'on ne vous a pas présentés et que vous n'avez jamais correspondu, renseignez-vous sur la manière dont vos homologues dans son entourage l'appellent. Ne vous fiez pas à sa page Facebook ou à son compte Twitter – à ce stade, vous n'êtes pas assez intimes pour recourir à un nom familier. Regardez plutôt comment il se présente sur son blog ou son site Internet. Si vous trouvez un article qui parle de lui, utilisez le nom qui y est employé. N'oublions jamais que le nom d'une personne a plus d'importance pour elle que tous les noms de la terre réunis. Si vous vous rappelez ce nom et parvenez à l'utiliser avec aisance, vous lui prodiguez un compli-ment aussi subtil qu'efficace. Mais si vous l'oubliez ou que vous l'écorchez, vous vous placez en position très inconfortable.

Beaucoup de gens optent pour la solution de facilité en donnant du «monsieur» ou «madame», mais vous pouvez entrer dans les bonnes grâces de quelqu'un en prenant le temps de mémoriser son nom et de vous en servir. Quelques minutes d'investigation suffisent à éviter beaucoup d'impairs. Est-ce un si grand prix à payer pour sortir du lot et laisser une meilleure impression que la plupart des gens?

Si vous voulez que les autres retiennent votre nom, un minimum d'investissement est nécessaire. Les gens sont bombardés de noms toute la journée – ceux d'autres personnes, d'entreprises, de marques, de rues et de magasins. Qu'est-ce qui distinguera le vôtre ? En grande partie, les émotions qu'ils y associeront. Si vous êtes un serveur lambda dans un restaurant lambda d'Atlanta – une métropole de plus de cinq millions d'habitants –, on ne se souviendra pas plus de vous que de votre plaque d'immatriculation. Votre nom ne déclenchera aucune émotion particulière. Ce n'est pas un hasard si M. Bates a retenu le nom de James dès leur première rencontre. Il dîne pourtant au restaurant une douzaine de fois par mois. Et quand on lui demande s'il se souvient du nom des serveurs, il répond : « Certains jours, c'est à peine si je me rappelle le mien ! »

Il faudrait toujours avoir à l'esprit la magie d'un nom, qui appartient pleinement à l'individu qui le porte et à personne d'autre. C'est sa marque. Après le don de la vie, c'est le premier cadeau qu'il a reçu. Dans une conversation, prononcer le nom de l'autre a le pouvoir de donner plus de poids à ce qui se dit et davantage de sens au lien qui se noue.

On en trouvera peut-être la meilleure preuve dans le cabinet d'un médecin. Faut-il appeler les patients par leur prénom et, si oui, à partir de quel moment ? Dans le milieu médical, le débat est récurrent. Pour certains – les plus nombreux, semble-t-il –, l'utilisation du prénom personnalise la relation à outrance alors que le professionnalisme impose une certaine distance. Pour d'autres, au contraire, elle participe de la relation de soin, en particulier lorsqu'il faut aborder des pronostics très défavorables.

Les cabinets médicaux sont typiquement des lieux où les patients se sentent déshumanisés. Ils sont des cas et des dossiers. Leur nom est souvent mal prononcé, quand on ne le confond pas avec un autre, ce qui ne fait que souligner une absence de lien potentiellement dangereuse.

Un médecin a décidé d'inverser la tendance[1]. Le Dr Howard Fine est le responsable du programme de neuro-oncologie des National Institutes of Health (NIH). À ce titre, il mène des travaux de recherche, supervise et alloue les budgets des NIH et reçoit en consultation, à leur demande, des patients atteints de tumeur au cerveau – gratuitement, puisque c'est un programme gouvernemental.

Quand les patients arrivent dans son cabinet, ils sont en général désespérés. Ils ont vu les statistiques sur Internet. Ils ont entendu des histoires affreuses. Une partie du travail du Dr Fine consiste à leur redonner espoir – un espoir raisonnable. Et l'utilisation des noms joue un rôle majeur dans sa manière de procéder.

Il estime à plus de vingt mille le nombre de patients qu'il a suivis depuis des années. Il a choisi de se présenter à eux comme «Howard Fine», sans mentionner sa qualité de médecin. Cela incite d'emblée les patients à l'appeler par son prénom, ce qui place la relation sur un autre plan : il n'est plus un médecin distant s'efforçant de repousser l'heure de leur mort, il devient un ami expert

---

1. Informations fournies avec l'autorisation du Dr Howard Fine et de J.D. Kuo, l'un de ses patients, atteint d'une tumeur au cerveau.

en médecine, un confident avisé et un avocat acharné qui va se battre pour leur guérison. Il n'est pas là pour leur raconter des histoires. Mais il sait que les informations qu'il donne aux patients sont à la fois importantes et bouleversantes pour eux. C'est pourquoi nouer de bonnes relations est essentiel à leur bien-être. Plus que d'un médecin, les patients ont besoin d'un conseiller de confiance qui les comprenne. Il est plus facile d'y parvenir si le médecin se met au même niveau que ses patients : comme eux, il est un homme animé par un puissant désir de vivre.

Il serait facile pour un médecin réputé de cultiver le prestige de son titre de « docteur ». Mais si le programme d'Howard Fine est le joyau des NIH, selon l'un des directeurs, c'est en grande partie parce qu'il reconnaît qu'un prénom a plus de force et de pouvoir de conviction que tous les titres et tous les grades. C'est pour cette raison que Carnegie invitait à se souvenir que « le nom d'une personne est pour elle le mot le plus agréable et le plus important de tout le vocabulaire ».

4

Écoutez davantage

Comment décrocher un job, capter un client, gagner en influence et ne pas perdre 180 millions de dollars en Bourse? Lisez plutôt.

En mars 2008, un petit groupe de musique canadien se rendit dans le Nebraska pour une tournée d'une semaine. Le vol d'United Airlines prévoyait une escale à Chicago. Alors que les musiciens se préparaient à sortir de l'avion, une femme s'exclama derrière eux : « Regardez, ils sont en train de balancer des guitares ! » Le nez collé au hublot, ils constatèrent en effet que les manutentionnaires jetaient leurs instruments sans aucun ménagement sur les chariots à bagages.

L'une de ces guitares, une Taylor à 3 500 dollars, appartenait au chanteur du groupe, Dave Carroll. Il alla tout de suite avertir une hôtesse qui l'arrêta dans son élan, comme il l'explique sur son site Internet : « Je ne peux rien pour vous, lui dit-elle, parlez-en au responsable qui se trouve dehors. »

À l'extérieur, il s'adressa à un autre employé qui ne prit pas le temps de l'écouter, puis à une troisième qui coupa court à toute protestation : « Mais enfin, c'est bien pour ça qu'on vous fait signer une décharge. » Il expliqua qu'il n'avait rien signé et que, décharge ou pas, rien n'excusait la scène dont beaucoup de passagers avaient été témoins. Elle lui dit d'attendre Omaha pour en parler à un responsable[1].

Une fois arrivé dans le Nebraska, Dave Carroll ouvrit l'étui de sa guitare et découvrit qu'elle avait été sérieusement abîmée, comme il s'en doutait. C'est alors que commença une odyssée d'un an, au cours de laquelle le musicien s'efforça de trouver quelqu'un chez United Airlines qui veuille bien lui prêter une oreille attentive. Tout au long de ces douze mois, tous les employés à qui il s'adressa avaient des conseils à lui donner, mais aucun ne prit la peine de l'écouter. L'un d'eux lui demanda même de venir à Chicago pour une expertise de sa guitare alors qu'il était depuis longtemps retourné chez lui au Canada, à quelque deux mille cinq cents kilomètres de là.

Entre-temps, Carroll avait fait réparer sa guitare pour 1 200 dollars. En tant que musicien professionnel, il ne pouvait se passer de son instrument. Mais le son n'était plus tout à fait le même.

Il annonça à United qu'il leur enverrait la note. Sa requête tomba dans l'oreille d'un sourd.

Mais il reste toujours deux atouts dans la manche d'un chanteur : une histoire à raconter et un moyen de la

---

1. « Story », Dave Carroll Music, www.davecarrollmusic.com/ubg/story

diffuser. Si United ne voulait pas l'écouter, le public, lui, serait peut-être intéressé.

Carroll décida donc d'écrire une chanson, « United Breaks Guitars » (« United casse les guitares »), et enregistra une vidéo qu'il diffusa sur YouTube le 6 juillet 2009. Il tablait sur un million de vues en un an, mais le résultat dépassa ses espérances : deux semaines après sa sortie, la vidéo avait déjà été vue quatre millions de fois. Quelques jours plus tard, le *Times* de Londres écrivait : « Un front orageux perturbe les relations publiques d'United Airlines. L'action décroche en plein ciel et plonge de 10 %, entraînant une perte de 180 millions de dollars pour les actionnaires. Ce qui, accessoirement, aurait permis d'acheter plus de 51 000 guitares pour remplacer celle de Dave Carroll[1]. »

Le pouvoir de l'écoute est celui de changer les cœurs et les esprits. C'est le pouvoir de donner aux gens ce qu'ils désirent le plus : être entendus et compris.

Pour Loïc Le Meur, le fondateur de Seesmic, le temps des campagnes publicitaires en ligne est révolu. La clé est un « programme de fidélisation à long terme » qui permette aux entreprises d'entendre ce que leurs clients ont à dire[2].

Les campagnes publicitaires sur Internet sont pourtant très séduisantes. Elles peuvent cibler un profil sociologique comme aucun autre média ne le permet. Votre

---

1. Chris Ayres, « Revenge Is Best Served Cold – on YouTube », *The Times*, 22 juillet 2009.
2. « Campaigns No Longer Matter : The Importance of Listening », Social Media Today, http://socialmediatoday.com/index.php?q=SMC/194763

entreprise souhaite s'adresser à une femme de vingt-trois ans, programmeur informatique et adepte du macramé? Il existe certainement un site où vous pouvez la trouver. Une telle précision des profils a longtemps été le rêve des publicitaires. Comment cela pourrait-il ne pas fonctionner?

Si cela ne fonctionne pas, explique Loïc Le Meur, c'est parce que les choses n'avancent pas à marche forcée, à grands coups d'impact publicitaire. Tout se joue au contraire dans l'écoute et la construction d'une relation de confiance, un processus lent mais qui porte toujours ses fruits[1].

Pendant les heures les plus sombres de la guerre de Sécession, Lincoln écrivit à un vieil ami à Springfield, dans l'Illinois, pour le prier de venir le voir à Washington: il désirait s'entretenir avec lui de certains problèmes. Son ami s'exécuta aussi vite qu'il put et Lincoln lui parla durant plusieurs heures de la proclamation qu'il envisageait de publier pour la libération des esclaves. Il passa en revue un à un tous les arguments pour ou contre cette décision, puis lut des lettres et des articles, dont certains lui reprochaient de ne pas avoir encore supprimé l'esclavage, tandis que d'autres l'attaquaient de crainte qu'il ne l'abolît. Après avoir longuement discouru, Lincoln serra la main de son ami, lui souhaita une bonne nuit et le renvoya dans l'Illinois sans même lui avoir demandé son avis. Lincoln avait été le seul

---

1. *Ibid.*

à parler. Mais cela semblait avoir suffi à lui rendre les idées claires.

« Il paraissait plus à l'aise après cette discussion », dit son vieil ami. Lincoln n'avait pas besoin de conseils. Il avait besoin d'une oreille amicale et compréhensive auprès de laquelle il pourrait se décharger de son fardeau – quelque chose que nous cherchons tous à un moment ou un autre. La question est de savoir si l'on est assez à l'écoute pour décharger les autres de leur fardeau.

Quand John C. Coolidge devint vice-président des États-Unis, Channing H. Cox lui succéda au poste de gouverneur du Massachusetts et vint rendre visite à son prédécesseur à Washington. Cox ne comprenait pas comment Coolidge parvenait à quitter son bureau à 17 heures tout en recevant un nombre impressionnant de visiteurs, tandis que lui-même était régulièrement retenu jusqu'à 21 heures. « Comment expliquez-vous cela ? demanda-t-il à Coolidge. – Vous leur répondez », répliqua Coolidge[1].

Le pouvoir de l'écoute, comme celui du sourire, est considérable. Si vous savez écouter, non seulement vous laissez immédiatement une impression positive à votre interlocuteur, mais vous établissez de solides fondations pour une relation durable. Qui peut résister à une personne qui met ses pensées de côté pour valoriser les siennes ?

Dans l'histoire contemporaine, peu d'hommes ont été davantage à l'écoute des autres que Sigmund Freud.

---

1. Clifton Fadiman et André Bernard, *Bartlett's Book of Anecdotes, op. cit.*

Voici, selon un témoignage, la manière dont le psychanalyste écoutait :

> « Cela m'avait profondément impressionné et je ne l'oublierai jamais. Il avait des qualités que je n'ai rencontrées chez aucun autre homme. Je n'ai jamais vu une telle concentration dans l'attention. Rien à voir avec quelque "regard perçant qui pénètre jusqu'au fond de l'âme". Ses yeux exprimaient la douceur et la cordialité. Sa voix était profonde et agréable. Ses gestes étaient rares. Mais l'attention qu'il m'accordait, l'accueil qu'il réservait à mes paroles, même quand je m'exprimais mal, étaient extraordinaires. Vous n'avez aucune idée de ce que cela signifiait d'être écouté de cette manière. »

On pourrait rétorquer que la tâche était plus facile à l'époque de Freud, Lincoln et leurs contemporains. Leur monde était plus restreint et sans nul doute beaucoup plus sous contrôle. Cet argument n'est pas complètement faux, mais il ne saurait servir d'excuse.

Oui, notre époque a repoussé les frontières d'un environnement bien plus indompté, mais c'est nous qui en avons décidé ainsi. C'est donc à nous de tourner cette nouvelle donne à notre avantage. Malheureusement, il semble que beaucoup ne s'en soient pas encore rendu compte.

Notre cercle d'influence s'étend bien au-delà de nos voisins et de nos collègues de travail, incluant la plupart de nos échanges relationnels, notamment à travers Facebook. La plupart des gens sont dépassés par un tel réseau, qui atteint des centaines voire des milliers de personnes. Nous sommes potentiellement en mesure d'être à l'écoute de beaucoup plus de monde mais, dans les faits, le nombre de personnes que nous écoutons vraiment diminue.

Une étude évoquée par l'*American Sociological Review* révèle que nous sommes socialement plus isolés qu'il y a vingt ans :

> « Surtout, le nombre de personnes constituant le premier cercle de confidents des Américains est passé de trois à deux. [...] Alors qu'en 1985 près des trois quarts des gens disaient avoir un ami à qui se confier, ils étaient 50 % à pouvoir compter sur un tel soutien en 2004. Le nombre de personnes ayant un voisin comme confident a chuté de moitié, passant de 19 % à 8 % environ[1]. »

« Nous ne disons pas que les gens sont complètement isolés, note Lynn Smith-Lovin, sociologue à l'université Duke à Durham (Caroline du Nord), l'une des responsables de cette étude. Ils peuvent avoir six cents amis sur Facebook [...] et envoyer des courriels à vingt-cinq personnes tous les jours, mais ils ne parlent pas de sujets personnels importants[2]. »

Plus encore que lorsque Carnegie a publié son livre en 1936, notre époque manque cruellement de gens qui trouvent le temps d'écouter, qui résistent à l'« impatience enragée » si répandue et pour qui les autres sont plus importants que leur propre réussite. Il est

---

1. Shankar Vedantam, « Social Isolation Growing in US, Study Says », *Washington Post*, 23 juin 2006, www.washingtonpost.com/wpdyn/content/article/2006/06/22/AR2006062201763.html

2. *Ibid.*

évidemment absurde de croire que l'on peut progresser sans un entourage fidèle mais, en général, on s'en rend compte trop tard, lorsque les autres nous le font savoir – par leurs regards, leurs silences ou leurs portefeuilles fermés.

Il existe peu de nouveaux conseils à donner pour améliorer la capacité d'écoute d'un individu ou d'une entreprise. Mais un principe peut vous aider à vous reconnecter durablement aux autres, si vous l'appliquez au quotidien : la présence. Un missionnaire chrétien mort en martyr l'a formulé un jour ainsi : « Où que vous soyez, soyez-y tout entier[1]. »

John, un aspirant rédacteur politique, a compris ce principe bien plus tôt que ses pairs. Il prétend n'avoir jamais raté le moindre entretien d'embauche. Chaque fois, on lui a fait une offre. Mais ce qui est sans doute plus intéressant, c'est que, sur le papier, il était rarement le meilleur candidat. « Ma candidature était bien souvent dans la moyenne, guère plus », admet-il.

Dans ce cas, à quoi attribue-t-il son taux exceptionnel de réussite ? Il explique qu'il aborde les entretiens à contre-courant de la manière classique :

> « Chaque entretien est l'occasion d'apprendre quelque chose sur des gens que je n'ai jamais rencontrés. Réfléchissez-y une minute : le contexte s'y prête parfaitement, on se situe d'emblée dans un échange donnant-donnant. Au cours de mes entretiens, j'ai appris des tas de choses, que ce soit des goûts culinaires, des rêves brisés ou de folles espérances. Les gens veulent

---

1. Jim Elliot et Elizabeth Elliot, *The Journals of Jim Elliot*, Revell, 1978.

qu'on les écoute, et ils veulent s'entourer de personnes qui les écouteront. Alors, j'écoute. Et je me suis rendu compte que la capacité d'écoute inspire le respect – beaucoup plus que tous les discours préparés[1]. »

La présence exceptionnelle de John lors de ses entretiens lui a valu des opportunités tout aussi exceptionnelles, puisqu'il est devenu agent de la CIA et rédacteur de discours à la Maison-Blanche.

Lorsqu'on lui demande comment il cultive cette capacité de présence auprès des autres, il répond qu'il se fixe un objectif personnel de quinze questions par jour. Les cinq plus importantes sont réservées à sa famille ou au premier cercle de son entourage. Il prend de leurs nouvelles, naturellement, mais il va plus loin : qu'est-ce qui les a fait rire ou peut-être pleuré aujourd'hui ? Ont-ils retenu une leçon importante ou rencontré une personne qui leur a plu ?

Les cinq questions suivantes sont pour son entourage professionnel proche. « Le vieil adage qui dit qu'il n'y a pas de mauvaises questions n'est pas toujours vrai dans une séance de brainstorming. Mais dans une discussion sincère, il ne fait aucun doute. Si vous posez une question avec respect et intérêt, vous ne pouvez pas vous tromper. »

Enfin, explique-t-il, il réserve ses cinq dernières questions à la sphère virtuelle : Facebook, les contacts par

---

1. Interview accordée à l'auteur. John souhaite rester anonyme pour des raisons personnelles.

courriel, Twitter et les blogs. « Lisez attentivement les statuts et les messages ; commentez-les ou répondez-y par des questions, et ceci pour au moins cinq personnes différentes chaque jour. Utilisez aussi vos propres statuts et messages pour poser des questions à vos amis et ceux qui vous suivent. Vous serez sans doute surpris de constater que beaucoup de gens réagiront. »

Voilà le genre de leçons qui doit plaire à Bob Taylor, le patron des guitares Taylor. Quand il a appris que la guitare de Dave Carroll avait été abîmée par United Airlines, il a décroché son téléphone pour offrir au chanteur deux guitares de son choix.

Imaginez ce qui aurait pu se passer si quelqu'un, chez United, avait écouté Dave Carroll pour l'aider à résoudre son problème. Il y a fort à parier que l'entreprise n'aurait alors pas eu à publier ce communiqué face à l'engouement suscité par la vidéo du chanteur :

> « Cette affaire a touché une corde sensible. Nous sommes en discussion pour trouver une solution, et s'il est certain que ce problème aurait dû être traité bien plus tôt, l'excellente vidéo de Dave Carroll est riche d'enseignements pour United. Nous souhaitons donc l'utiliser dans le cadre de nos formations afin de nous assurer que nos clients reçoivent le meilleur service[1]. »

On dit souvent que l'expérience vient en marchant.

---

1. United Airlines a finalement proposé à Dave Carroll une indemnisation de 3 000 dollars, qu'il a reversée à une association caritative en lien avec la musique.

Mais il est peut-être tout aussi important de savoir qu'elle vient également en écoutant – au prix de moins de déconvenues.

5

Parlez à votre interlocuteur de ce qui l'intéresse

Lors d'un dîner, George Bernard Shaw avait pour voisin de table un jeune homme d'un ennui abyssal. Après avoir supporté un de ses interminables monologues, le dramaturge lui fit remarquer qu'à eux deux, ils savaient tout ce qu'il y avait à connaître en ce bas monde.
«Comment cela? demanda le jeune homme.
– Eh bien, répondit Shaw, vous semblez tout savoir, si ce n'est que vous êtes d'un ennui mortel. Or ça, je le sais[1]!»
Ce n'était pas vraiment l'impression que le jeune homme voulait laisser. Mais cette anecdote met en exergue un point important: si vous voulez intéresser les autres, vous devez leur parler de choses qui les intéressent. Tout le reste, vous pouvez y compter, tombera dans l'oreille d'un sourd.
Voilà un principe intéressant étant donné l'état d'esprit dans lequel la grande majorité des gens communiquent

---

1. Clifton Fadiman et André Bernard, *Bartlett's Book of Anecdotes*, *op. cit.*

de nos jours. La plupart des messages ont pour but principal de donner de l'information sur nos vies ou nos produits, de révéler des aspects de nous-mêmes si fascinants qu'ils ne manqueront pas d'attirer les autres. Derrière un dynamisme apparent, cette stratégie se révèle passive, dans la mesure où elle exige des autres qu'ils viennent à nous. Comme les bannières publicitaires qui attendent le clic de l'internaute, nous affichons nos meilleurs arguments de vente personnels dans l'espoir que les autres vont avoir envie de nous suivre.

Mais il y a un problème : c'est un monologue marketing, pas un dialogue relationnel. C'est un postulat, pas une démonstration. Et quand on cherche à influencer les autres ou à nouer des amitiés sur la base de postulats, le résultat est souvent contre-productif.

En 1810, le général américain William Henry Harrison, alors gouverneur du Territoire de l'Indiana, négociait avec Tecumseh afin d'éviter un conflit ouvert. Il ordonna que l'on fît apporter une chaise pour le chef amérindien. Un homme s'exécuta et lui dit : « Votre père, le général Harrison, vous prie de prendre cette chaise.

– Mon père ! s'exclama Tecumseh. Le soleil est mon père et la terre est ma mère, et c'est sur son sein que je me reposerai. » Et, ignorant la chaise, il s'assit par terre[1].

Le plus grand ennemi d'une influence durable, de nos jours, est cette tendance à faire forte impression sans se demander dans quelle mesure on répond à

---

1. *Ibid.*

un besoin. C'est non seulement une méthode présomptueuse, mais une piètre tactique commerciale. Ce dont le monde a le plus besoin – Carnegie s'en est fait le héraut il y a soixante-quinze ans –, c'est de dialogues qui jettent un pont entre les interlocuteurs. Et cela commence par se demander ce qui intéresse l'autre, et donc par l'écouter attentivement, comme nous l'avons déjà vu.

Alors seulement, vous pouvez convaincre l'autre, en mettant ses centres d'intérêt en bonne place dans vos interactions. Dans l'entreprise, il s'agit de replacer le client au cœur de la gestion de la relation client – un effort qui relève plus de la gestion que du client, comme le note le blogueur Doc Searls[1].

« En matière d'influence, tout le monde se trompe, sauf vos clients », écrit Valeria Maltoni, blogueuse et consultante en stratégie.

> « Réfléchissez-y avant de vous retrouver en posture délicate à cause de vos mauvais résultats. [...] L'influence véritable vient du fait de rassembler des gens qui partagent les mêmes intérêts. C'est un processus qui implique d'identifier des ensembles pertinents parmi vos clients et prospects, de construire une communauté et de permettre aux autres d'amplifier votre influence à mesure que vous répondez à leurs besoins. [...] Vous passerez votre temps à courir après les gens si vous vous obstinez à croire que c'est vous qui avez de l'influence. Ce n'est pas le cas. Et vous n'avez pas besoin

---

1. Merci à Valeria Maltoni pour sa référence à un article de Doc Searls du 21 mars 2005.

du soutien d'une célébrité pour construire quelque chose d'important[1]. »

Vous créez une communauté lorsque vous initiez des interactions qui concernent les sujets importants pour les autres. Et une communauté, c'est important pour vous, que vous soyez en train de construire une entreprise, de lancer une marque ou d'organiser une réunion importante. Bien sûr, il faut d'abord établir un lien, et c'est à vous de vous en charger. Mais trop souvent aujourd'hui, le marketing et les médias sociaux se limitent à ce point de départ – augmenter le nombre de fans, de suiveurs, de clients – et oublient le plan d'action à long terme : la « stratégie de fidélisation », comme l'on dit dans les entreprises, mais il vaut mieux l'envisager comme un dialogue vivant et constructif avec une communauté d'amis.

Si l'on admet que toute réussite durable repose sur l'établissement d'une relation de confiance, alors toute interaction devrait avoir pour objectif d'apporter une certaine valeur aussi tôt et aussi souvent que possible. Ce qui implique de faire tomber quelques obstacles.

Plusieurs fois par an, Jason se rend dans certaines régions reculées du Sénégal. Il fit ses premiers voyages dans ce pays pour le compte d'une organisation non gouvernementale. Aujourd'hui, il y retourne parce qu'il

---

1. Valeria Maltoni, « Everyone Is Wrong About Influence », Conversation Agent, 7 juillet 2010, www.conversationagent.com/2010/07/everyone-is-wrong-about-influence.html

y apprend toujours des choses. Un jour, l'un des anciens du village le prit à part, par un après-midi caniculaire, pour lui poser une question des plus importantes : il voulait savoir comment vivent les gens en Amérique du Nord.

Jason lui expliqua que la plupart habitaient dans des maisons individuelles, un peu comme les huttes de son village, et d'autres dans des appartements empilés les uns sur les autres.

« Et toutes ces maisons ont des murs ? demanda le patriarche.

– Oui, répondit Jason.

– Mais pourquoi ?

– Les murs protègent du mauvais temps et parfois de personnes indésirables. Ils préservent aussi les affaires dans la maison et la vie privée.

– Oh non, non, non, répondit l'ancien. C'est une erreur. » Il expliqua à Jason que dans son village, ils avaient décidé de détruire les murs pour se protéger.

« Tu vois, les murs cachent beaucoup trop de choses. Si on les abat et que tout le monde peut voir ce qu'il y a derrière, alors tout le monde est plus en sécurité. »

Nous vivons dans un monde moderne, et le monde moderne érige des murs. Des pare-feu pour nos ordinateurs, des murs de brique pour nos maisons, des barrières en bois ou en fil de fer pour nos fermes et nos jardins. Et puis il y a le grand mur des réseaux sociaux qui peut mener à un niveau d'influence déconnecté de toute relation, fondé seulement sur un groupe de suiveurs mais pas d'amis.

Charlene Li, spécialiste des réseaux sociaux et auteur du livre *Open Leadership*[1], met en garde contre le danger d'une telle influence virtuelle fortifiée. Le plus grand écueil, selon elle, est un sentiment de sécurité trompeur: «Il y a une différence entre un fan et un ami. Les fans sont moins impliqués et moins intéressés. Sur l'échelle de la fidélité, les fans sont à un bout et les amis à l'autre bout. L'influence est présente d'un bout à l'autre, mais elle est plus solide et plus durable du côté des amis[2].» Pour démontrer ce qu'elle souligne, il suffit de se connecter et d'essayer d'acheter un ami sur Facebook. C'est impossible. Des tas d'entreprises vous vendront des fans sur Facebook et assureront votre audience sur Twitter, mais elles laissent aux médias sociaux le soin de mettre en lumière cette réalité qu'aucun véritable ami ne s'achète. «Quand allons-nous enfin comprendre que des millions de suiveurs ne sont pas synonymes d'influence?» a écrit le blogueur canadien Mitch Joel, auteur de *Six pixels de séparation*[3], et l'un des vingt-cinq leaders et innovateurs marketing les plus influents, selon l'agence iMedia.

> «C'est un jeu (euh... un business) qui a bien fonctionné jusqu'à ce que l'on dispose des bons outils d'analyse. [...] C'est dans des groupes plus petits et plus forts que se joue l'influence. [...] Si certaines marques engrangent "une vraie influence" [...], c'est parce que des personnes ont de vraies interactions avec d'autres êtres humains (et que ces interactions ont vraiment du sens). [...] Il est beaucoup plus pratique/réaliste pour

---

1. Charlene Li, *Open Leadership*, New York, Jossey-Bass Wiley, 2010.
2. Interview accordée à l'auteur en janvier 2011.
3. Éditions Transcontinentales, 2011.

les entreprises de réfléchir à la manière d'utiliser ces opportunités pour créer du lien et un engagement sincère, plutôt que d'essayer d'augmenter leurs statistiques[1]. »

Newton Minow était le responsable influent de la Federal Communications Commission sous le président Kennedy, et a occupé par la suite plusieurs postes prestigieux dans les secteurs public et privé. À la question de savoir quel était le secret de sa réussite, il répondait qu'il devait tout à son choix de spécialisation à l'université. Il avait étudié la sémantique, qui concerne non seulement le sens des mots mais le contexte dans lequel ils sont employés. Minow avait remarqué que 99 % des conflits trouvent leur source dans la mauvaise compréhension des mots employés dans différents contextes. C'est ainsi qu'il avait bâti son succès, en s'efforçant de bien comprendre ce que les autres voulaient dire[2].

Sa démarche prend d'autant plus de sens aujourd'hui, alors que le choix sémantique de Mark Zuckerberg de peupler Facebook d'« amis » est souvent mal compris. Le cerveau humain – sans même parler du cœur – ne peut pas traiter des centaines d'amis. Selon Robin Dunbar, professeur d'anthropologie évolutive à l'université d'Oxford, la taille de notre cerveau ne nous permet pas de gérer un entourage amical de plus d'environ cent cinquante personnes, quelle que soit notre sociabilité.

---

1. Mitch Joel, « Making Sense of the Mess », 8 mars 2011, www.twistimage.com/blog/archives/making-sense-of-the-mess
2. Comme il l'a expliqué à un ancien rédacteur de discours présidentiels interviewé par l'auteur pour ce livre.

Facebook n'échappe pas à la règle : « On peut très bien avoir mille cinq cents amis, mais quand vous vous penchez sur la réalité des échanges, vous vous apercevez que les gens ne dépassent pas ce cercle relationnel d'environ cent cinquante personnes que l'on constate dans la vie réelle[1]. »

Dunbar définit un ami comme quelqu'un à qui l'on tient et que l'on contacte au moins une fois par an. Cette précision est importante, car s'il est impossible d'avoir cent cinquante amis intimes, on peut tout à fait entretenir cent cinquante relations influentes.

La véritable amitié suppose un engagement fort et repose sur des risques, le premier d'entre eux étant de croire que l'on a suffisamment d'importance pour influencer la vie des autres. Un autre risque tout aussi important est d'être profondément blessé par nos amis. Certaines personnes se protègent en n'ayant aucun ami proche, d'autres en multipliant les amitiés superficielles, de sorte que la douleur d'une déception se dissout dans la masse.

Ce qu'il faut retenir, c'est que toute relation entraîne des risques, et que si nous voulons exercer une influence sur les autres, nous devons accepter cette réalité de manière lucide. Ce que nous donnons de nous-mêmes est fonction du degré d'intimité que nous cherchons à atteindre, mais le risque est toujours inhérent au fait d'amener une relation sur le terrain de l'amitié. Une fois

---

1. Chris Gourlay, « OMG : Brains Can't Handle All Our Facebook Friends », *The Times*, 24 janvier 2010.

que vous savez ce qui est important pour les autres, grâce à une écoute attentive, la seule manière de vraiment les séduire est de mettre vos propres centres d'intérêt en retrait au bénéfice des leurs. Et, comme pour la plupart des risques importants, les résultats sont à la hauteur. Votre influence n'en sera que plus forte, et le temps viendra bientôt où ce qui compte pour vous comptera pour eux.

Jamie Tworkowski l'a bien compris. En 2002, l'une de ses amies, Renee, maniait la même lame de rasoir pour préparer ses lignes de cocaïne et pour se scarifier les bras. Dépressive, seule et entourée d'«amis» partageant la même descente aux enfers, Renee n'en avait plus pour très longtemps.

Modeste vendeur de planches de surf, Jamie décida d'intervenir, avec un groupe d'amis. Ils essayèrent de lui offrir le cadeau de leur présence, bravant les risques émotionnels de leur démarche. Ils lui payèrent des cafés et des cigarettes, lui firent écouter de la musique, l'entourèrent de leur amour. Ils se demandèrent ce qui se passerait si, au lieu de graver des mots de haine sur ses bras, Renee les laissait écrire des mots d'amour.

Par amitié pour Renee, Jamie eut l'idée de vendre des tee-shirts pour financer sa cure de désintoxication. Il demanda également une faveur à l'un de ses amis, chanteur d'un groupe de rock populaire: «Est-ce que tu voudrais bien porter l'un de nos tee-shirts sur scène?» Le chanteur accepta.

Près de dix ans plus tard, Renee s'en est sortie et la vente de tee-shirts rapporte près de 3 millions de dollars par an à l'association créée par Jamie, To Write Love on Hers Arms («Écrire l'amour sur ses bras»), qui aide les personnes souffrant de dépression et d'addiction. Plus de 200 000 personnes suivent Jamie sur Twitter et Facebook, mais il sait que très peu d'entre eux sont de véritables amis, comme Renee. Il exerce sur eux une certaine influence, mais la plupart du temps fugace et bien moindre que sur ses amis. Il accepte cette réalité et se réjouit que d'autres personnes, dans le monde, réalisent des choses dignes d'être soutenues.

Il exerce une grande influence sur ses amis ; et c'est au sein de cet environnement malléable qu'il choisit d'exister. C'est également là que vous devez exister, que vous soyez une entreprise internationale ou un acteur individuel du changement.

Quand on cherche à produire une impression durable, il est important de bien faire la différence entre ses amis et les autres. C'est auprès des premiers que vous avez acquis une véritable influence ; c'est à la fois un cadeau et une responsabilité. Non seulement vous devez savoir qui ils sont, mais ce qui leur importe. Le cadeau, c'est ce qu'ils vous apportent : appréciez-le à sa juste valeur. Votre responsabilité est de faire en sorte que vos relations soient fécondes pour l'un comme pour l'autre – mais au moins pour eux.

«La capacité d'une marque à délivrer son message à des millions de gens se résume à cela», conclut Mitch Joel dans son article cité plus haut.

> « On semble croire que l'influence vient simplement de la force de frappe sur le marché [...]. Mais ce n'est pas le cas.

Pour acquérir une véritable influence, il faut établir un lien avec les gens, entretenir cette relation, apporter une réelle valeur dans leur vie et tout faire pour les satisfaire, de manière que lorsque le moment viendra de leur demander quelque chose, il y aura quelqu'un pour vous tendre la main. Ne vous souciez pas tant du nombre de personnes avec qui vous êtes en relation, demandez-vous plutôt qui sont ces personnes et ce que vous faites pour elles[1]. »

Après tout, le plus important pour vous est peut-être d'être important pour les autres. Une chose est sûre : à une époque où le volume de messages diffusés augmente chaque jour, seul un petit nombre d'entre eux comptent réellement. Pour influencer les autres, assurez-vous que les vôtres soient de ceux-là.

---

1. Mitch Joel, « Making Sense of the Mess », *op. cit.*

6

Laissez les autres un peu mieux qu'ils n'étaient

« Il s'appelait Mike, se souvient Steve Scanlon, coach chez Building Champions, en évoquant cette histoire qu'il adore raconter. Ma femme et moi avions hélé son taxi à quelques rues au sud de Central Park, près de notre hôtel. On voulait aller dîner à Little Italy comme chaque année. On était très en retard. C'était le soir d'Halloween et les rues étaient encore plus bondées que d'habitude. Mike faisait de son mieux pour trouver des raccourcis, mais il devenait évident qu'on allait devoir changer nos plans. Il nous a suggéré Greenwich Village, ce qui nous convenait. Quelques minutes plus tard, il nous a déposés au coin d'une rue en nous conseillant trois restaurants, puis est reparti dans les embouteillages. Je pensais ne jamais le revoir[1]. »

---

1. Propos recueillis au cours de plusieurs interviews avec l'auteur en 2010 et 2011.

Mais Mike, lui, n'était pas homme à penser comme tout le monde, comme aime le dire Scanlon dans un petit sourire.

Au cours du dîner, Scanlon porta machinalement la main à la poche de son pantalon et s'aperçut que son téléphone avait disparu. Pris de panique, il réalisa où il l'avait égaré. Il s'imaginait déjà devoir résilier son abonnement et acheter un nouvel appareil, dépité à l'idée d'avoir perdu tous ses précieux contacts. Il composa son numéro sur le portable de sa femme, s'attendant à tomber sur sa messagerie. Mais un homme avec un léger accent hindou lui répondit :

« Allô ?

– Qui êtes-vous ? lança Scanlon d'un ton plus sec qu'il n'aurait souhaité.

– C'est Mike. »

Scanlon se lança dans une explication confuse qui se termina par le fait qu'ils devaient prendre un avion très peu de temps après pour rentrer chez eux.

« Mon dieu, répondit Mike, votre téléphone est très important. J'arrive aussi vite que possible. »

Il lui proposa de le retrouver au coin de la rue et promit de se dépêcher. Scanlon, aussi stupéfait que soulagé, expliqua la situation à sa femme. Quand Mike lui rendit son téléphone une vingtaine de minutes plus tard, Scanlon lui laissa un pourboire de 80 dollars – tout son argent liquide.

« Ça l'a vexé, explique Scanlon, mais je voulais qu'il sache que son geste était remarquable. Jamais il n'avait parlé d'argent. Il avait arrêté son compteur et fait un détour pour rendre service à un client irresponsable : c'était extraordinaire de sa part et je lui aurais donné le double si j'avais eu cet argent sur moi. »

Le petit geste du chauffeur de taxi a eu un grand impact ; il a transformé une mésaventure en expérience hors du commun. C'est ce que Scanlon appelle « la philosophie du détail », et c'est cela qui nous permet de rendre les autres un peu mieux qu'ils n'étaient avant de nous croiser.

À un moment ou un autre de notre vie, on nous a tous enseigné qu'il fallait voir grand. On a appris l'intérêt de se fixer des objectifs ambitieux, de nouer des relations au plus haut niveau et de signer de gros contrats. Certes, l'ambition est importante, mais si elle nous obsède, nous laissons passer des opportunités toutes simples de faire vraiment la différence. Nous gâchons nos chances d'être un peu moins superficiels, de resserrer un peu plus les liens, de rendre les autres un peu plus heureux dans la relation que nous entretenons avec eux.

« Voir les choses en grand n'a rien de mal, explique Scanlon. C'est même un moteur indispensable de succès – surtout dans les relations humaines. Mais ce n'est pas suffisant pour atteindre vos objectifs les plus importants. »

Il y a beaucoup d'étapes entre ce que nous semons et ce que nous récoltons. Et nous plantons de nombreuses petites graines dans les moments insignifiants du quotidien.

Prenez l'exemple de ce responsable commercial de chez Macy's qui s'était fixé l'objectif de doubler les ventes de chaussures pour femmes au mois de juin. Il y aurait les soldes d'été, expliquait-il, et, en poussant bien les clientes à acheter des produits plus haut de gamme, les résultats commerciaux suivraient à coup sûr. Malheureusement, rien ne se passa comme prévu. Dès le 1er juin, les vendeurs cessèrent d'écouter leurs clientes. Ils ne prirent plus en compte leurs contraintes de budget ni de temps. Ils se consacrèrent tout entiers à leurs objectifs de vente, suggérant tel modèle plus cher ou une deuxième paire à moitié prix, ou encore un accessoire assorti. À la fin du mois, le chiffre d'affaires avait baissé de 8 %.

Pour quelle raison ?

La plupart des responsables commerciaux auraient reproché à leurs vendeurs de ne pas avoir été performants. Mais notre homme se remit en question. Aurait-il pu mieux s'y prendre ? Il se rendit compte que son obsession du résultat avait détourné son équipe des petites actions qui lui auraient précisément permis de l'atteindre. C'est une erreur classique. Heureusement pour lui, il bénéficia d'une seconde chance.

Les soldes du Labor Day[1] avaient lieu quelques mois plus tard. Le responsable commercial choisit alors une approche différente. Il se fixa le même objectif ambitieux – doubler les ventes –, mais cette fois il prit soin de se préoccuper des détails. Il demanda à son équipe

---

1. Le Labor Day, fêté le 1er septembre aux États-Unis, est l'équivalent de notre fête du Travail. De nombreux magasins organisent des soldes à cette occasion. *(N.d.T.)*

de saisir la moindre occasion de faire plaisir aux clientes : leur montrer le chemin des toilettes, porter leurs bébés, ranger leurs poussettes derrière le comptoir, tenir compte de leurs contraintes de temps et de leur budget. Au lieu de se concentrer sur les ventes, ils devaient s'efforcer de rendre la journée de leurs clientes un peu plus agréable, qu'elles leur achètent des chaussures ou non.

Que pensez-vous qu'il arriva ?

Le chiffre d'affaires de septembre dépassa de 40 % celui du mois d'août. Ce n'était pas un doublement des ventes – un objectif dont le responsable lui-même convenait qu'il était très ambitieux – mais c'était 50 % de mieux que les résultats obtenus en juin. Plus important encore, c'était un progrès. La différence s'était jouée dans les détails. L'objectif final n'avait pas changé. Mais les priorités des vendeurs, si. Au lieu de courir après les ventes, ils avaient cherché tous les moyens de rendre les gens un peu plus heureux. De modestes graines plantées avec sincérité avaient porté les fruits d'une magnifique récolte. Beaucoup de gens commettent l'erreur de confondre l'inspiration et la mise en œuvre. Ils agissent comme un professeur de dessin qui emmènerait ses élèves dans un pâturage de montagne en leur demandant de reproduire ce magnifique paysage. Le panorama est source d'inspiration : l'herbe haute et ondulante, les peupliers blancs aux feuilles argentées, un ruisseau qui serpente sur fond de cimes enneigées… Mais donner à admirer un tel paysage à ses élèves ne les rend guère aptes à reproduire habilement ne serait-ce qu'un seul brin d'herbe. Sans les instructions nécessaires pour en peindre chaque petit détail, leurs tentatives ne ressembleront en rien à la scène pittoresque qu'ils ont sous les yeux. Pour devenir de grands artistes capables de restituer une vue d'ensemble, les élèves doivent apprendre à se concentrer sur les petits détails. Et cela n'est jamais plus vrai, dans la vie, qu'en matière de relations humaines.

Qui ne nourrit pas de grandes ambitions pour tels partenariats ou telles amitiés ? Une demande en mariage n'est rien d'autre qu'une vision de l'avenir d'une relation. Un accord de collaboration n'est rien d'autre qu'une vision de l'avenir d'un partenariat commercial. Un contrat d'embauche n'est rien de plus qu'une vision du formidable travail qu'un employé et un employeur peuvent accomplir ensemble. Mais est-il suffisant de déclarer sa flamme à l'être aimé ? Est-il suffisant de promettre un excellent service client, un contenu pertinent ou une aide de qualité ?

On dit que Léonard de Vinci a commencé à peindre la *Joconde* en 1503 et ne l'a terminée qu'en 1519. Pour certains historiens de l'art, il aurait passé la majorité de ce temps à réaliser le sourire énigmatique qui a fait couler tant d'encre depuis cinq siècles. Ce célèbre sourire orne aujourd'hui une salle rénovée du musée du Louvre afin que 6 millions de visiteurs puissent l'admirer dans les meilleures conditions chaque année. La valeur de ce tableau dépasserait les 400 millions d'euros, même si, pour la plupart des analystes, il est impossible de lui attribuer un prix[1].

---

1. Caroline Wyatt, « Fans Hail Mona Lisa's New Setting », BBC, 6 avril 2005, http://news.bbc.co.uk/2/hi/europe/4418425.stm

Que serait la *Joconde* sans son plus célèbre détail ? Une ambition qui n'aurait jamais réalisé tout son potentiel. De la même manière, vos meilleures intentions – quel que soit le domaine – échoueront régulièrement à se réaliser si la vision qui vous inspire ne se traduit pas en petites actions porteuses de valeur.

« La plupart des entreprises pensent leur service client comme une campagne publicitaire, déplore Scanlon, à coups d'effets d'annonce, de promesses et de promotion. Mais si la concrétisation quotidienne ne suit pas, ce ne sont que des mots. » C'est la *Joconde* sans son sourire – une intention louable qui ressemble à tant d'autres.

Ce dont vous devez vous souvenir, c'est que ce qui vous motive à vous faire des amis est rarement ce qui motive les autres à vous accorder leur amitié.

Ce qui vous motive, c'est ce que vous pourriez accomplir grâce à la loyauté, à l'aide ou à la collaboration des autres. C'est le résultat du lien que vous aurez créé : le potentiel qui en découle.

Les autres, en revanche, se situent sur un autre plan : ils vivent la réalité concrète de votre relation. Ils voient les choses telles qu'elles sont.

Ils se posent constamment cette question : « Que vaut ma relation avec cette personne ? »

« Qu'avez-vous fait pour moi ces derniers temps ? » demeure un leitmotiv dans l'esprit des gens, peut-être plus encore aujourd'hui, à l'heure où des millions de messages et de messagers rivalisent pour obtenir l'attention. Cela ne signifie pas, comme certains le croient, qu'il faille continuellement se surpasser ou en faire des tonnes. Cela veut simplement dire que le secret de tout progrès relationnel est d'apporter de la valeur, et de le faire avec constance.

Malheureusement, « à l'ère numérique, se faire des amis est devenu une affaire de marketing, note le célèbre coach Tony Robbins. Il faut se faire remarquer. Et il y a deux manières de se faire remarquer : en bien ou en mal. Malheureusement, le scandale est le plus efficace aujourd'hui pour se faire connaître. La technologie nous donne cette chance extraordinaire de pouvoir nous connecter avec n'importe quelle personne dans le monde vingt-quatre heures sur vingt-quatre, d'apprendre de cette personne, de lui apporter quelque chose, et pourtant il suffit de piétiner quelqu'un ou de se comporter comme un idiot pour attirer immédiatement l'attention. C'est vraiment triste que beaucoup de gens choisissent cette voie[1] ».

Au-delà des évidentes conséquences relationnelles de cette tactique, le problème de fond est que la diffusion de telles provocations ne connaît aucune limite dans le monde numérique. Entre les médias d'information, les campagnes marketing et le règne de l'égocentrisme sur les réseaux, la concurrence est rude pour retenir l'attention. Et les résultats notoirement futiles.

Pour Tony Robbins, la véritable clé pour se faire des amis et influencer les autres aujourd'hui est « de renoncer à la manipulation au profit de relations constructives.

---

1. Entretien avec l'auteur, 28 décembre 2010.

Et la seule manière de s'y prendre est d'y apporter constamment du sens et de la valeur ».

C'est à cette aune que toutes nos interactions sont jugées – chaque tweet, chaque courriel, chaque publication, chaque appel téléphonique et chaque rencontre en chair et en os. À chacune de ces occasions, de quel côté penche la balance : vers plus ou moins de valeur ? Et de quel côté tend-elle à pencher au fil du temps ? Cette dernière question est peut-être la plus importante, car personne n'est à l'abri d'une erreur. Nous avons tous nos mauvais jours. Mais à l'heure numérique, un faux pas peut entraîner plus rapidement des conséquences plus implacables. Pour cette seule raison, il est plus sage de faire tout ce qui est en notre pouvoir – en utilisant chaque message et chaque moyen de communication – pour laisser les autres un peu mieux qu'ils n'étaient. Nous avons certes le droit à l'erreur, mais pas si souvent. Combien de fois un simple regard a-t-il saboté une relation ?

Les dieux et les déesses de la Justice existent dans de nombreuses cultures. La mythologie grecque nous a laissé Thémis et sa fille Dikè, qui pesaient le bien et le mal. Chez les Romains, Justitia personnifiait la justice, contrainte de monter au ciel à cause des méfaits des mortels. La déesse égyptienne Maët est la garante de l'ordre et de l'équilibre du monde.

De toutes ces anciennes traditions est née une allégorie de la Justice qui prévaut encore dans le système judiciaire occidental : la représentation d'une femme aux yeux bandés, tenant un glaive d'une main et une balance de l'autre. Son message est on ne peut plus simple : pour faire triompher la vérité, il faut l'évaluer au cas par cas.

Mais elle délivre un autre message plus subtil : le fléau peut pencher à tout moment. Un argument ne saurait à lui seul suffire à obtenir l'acquittement ou la condamnation. Tout doit être pesé sur la balance.

Ce qui est vrai pour la justice l'est aussi pour les relations humaines. Il n'existe pas d'interaction neutre. Vous rendez toujours quelqu'un un peu mieux ou un peu moins bien que vous ne l'avez trouvé.

À la veille d'un deuxième mariage, Jordan repensa au divorce par lequel s'était soldée sa première union, dix ans plus tôt. Un ami lui demanda la raison de cet échec. Il répondit qu'il avait négligé la balance. Chaque échange avec sa femme avait envoyé à cette dernière l'un ou l'autre de ces deux messages : qu'elle était la personne la plus importante au monde à ses yeux, ou qu'elle ne l'était pas. Il avait envoyé le second message bien trop souvent.

Il serait irréaliste de penser qu'une vie peut basculer sur une seule interaction. Mais la balance penche d'un côté ou de l'autre chaque jour. Si vous en avez conscience, vous devriez avoir de multiples raisons de prêter attention à chacun des messages que vous émettez. Et si vous en faites une priorité, vous aurez trouvé la manière de vous distinguer des autres à l'ère numérique.

Dans un éditorial publié dans le *New York Times*, David Brooks souligne le contraste entre l'état d'esprit de notre temps et l'humilité qui prévalait au lendemain de la victoire des Alliés en 1945 : « [...] le fascisme rimait avait emphase, prétention, vantardise et ferveur. Les moulins de la propagande alliée avaient eux aussi produit leur part d'excès polémiques. En 1945, tout le monde en avait soupé. Le pays avait soif d'un style plus sobre, réservé, modeste et frugal[1] ».

L'humilité et ce sentiment qu'il faut penser aux autres autant – sinon plus – qu'à soi faisaient aussi partie de la culture de cette époque. Les choses ont changé au fil du temps, écrit Brooks. « Une autre philosophie a pris le dessus, que les sociologues nomment "l'individualisme expressif". Au lieu d'éprouver une certaine humilité devant Dieu et l'Histoire, il s'agissait de trouver le salut moral dans le contact intime avec soi-même [...]. Tout ce qui commence en révolution culturelle se termine en routine capitaliste. Bientôt, le fait de s'exposer et l'amour de soi devinrent des manières de marquer des points dans la compétition pour l'attention[2]. »

Il est incontestable que certains ont gagné l'attention – le terme de « notoriété » est peut-être plus adapté – en pratiquant le culte d'eux-mêmes et en rassemblant autour d'eux une cour d'adorateurs. Cette stratégie rapporte parfois des millions. Mais que pensons-nous de tels individus ? Ont-ils une véritable influence sur les autres ? Peut-être parviennent-ils à orienter les gens vers un produit culturel, ce qui est toujours mieux que

---

1. David Brooks, « High-Five Nation », *New York Times*, 15 septembre 2009, www.nytimes.com/2009/09/15/opinion/15brooks.html
2. *Ibid.*

rien. Mais ils sont avant tout des provocateurs. Comme le verre de vin que l'on boit avant un repas insipide, ils préparent notre palais au vide.

Il est une chose qui n'a pas changé depuis des millénaires. Les philosophes de toutes les cultures sont arrivés à la même conclusion. C'est une leçon vieille comme le monde. Zarathoustra l'enseignait à ses fidèles en Perse il y a 2 500 ans. Confucius la prêchait en Chine il y a 2 400 ans. Lao-Tseu l'inculquait à ses disciples dans la vallée du Han. Bouddha la proclamait sur les rives du Gange à peu près à la même époque. Les livres sacrés de l'hindouisme la professaient déjà mille ans auparavant. Tous ont abouti au même précepte : ne faites pas à autrui ce que vous ne voudriez pas qu'il vous fasse. Il y a deux mille ans, Jésus lui a donné un tour un peu différent : « Ainsi, tout ce que vous voulez que les hommes fassent pour vous, faites-le vous-même pour eux[1]. »

C'est la seule règle d'or de l'humanité.

Un avantage ironique de notre époque est que beaucoup de gens se croient supérieurs, ce qui vous offre un moyen simple de les marquer pour longtemps : montrez-leur de manière subtile qu'ils ont raison. Ils vous retourneront beaucoup plus facilement le compliment.

« Vous savez pourquoi je vous aime bien, Ike ? demanda un jour Winston Churchill au général Eisenhower, qui avait travaillé en plus ou moins bonne entente avec des personnalités aussi fortes que Montgomery, de Gaulle

---

1. Matthieu, 7 : 12.

et Roosevelt. Parce que vous n'êtes pas du genre à vous accaparer la victoire[1]. »

Faites toujours en sorte de rendre les gens un peu mieux qu'ils n'étaient, et vous pourriez être surpris de découvrir jusqu'où cela vous mènera.

---

1. Richard Norton Smith, «The Reagan Revelation : At 100, Why He Still Matters », *op. cit.*

TROISIÈME PARTIE

COMMENT MÉRITER ET CONSERVER LA CONFIANCE DES AUTRES

1

Évitez les polémiques

Dans leur livre *The Preacher and the Presidents*, Nancy Gibbs et Michael Duffy analysent l'influence sans précédent qu'a eue le révérend Billy Graham non seulement sur sept présidents des États-Unis, mais aussi sur de nombreux leaders du monde occidental. Son charisme ne fut pas à l'abri de certaines résistances, en particulier dans les premiers temps. La manière dont Graham s'y est pris avec l'un de ses plus farouches opposants offre un bon aperçu du premier principe utile pour gagner la confiance des autres.

« En février 1954, écrivent-ils, le protecteur de Graham, Henry Luce, écrivit au correspondant du magazine *Time* à Londres, le célèbre André Laguerre, pour le préparer à ce qui allait se passer dès que Graham poserait le pied à Londres pour sa croisade de printemps. » C'était un temps où la Grande-Bretagne comptait beaucoup moins de fidèles (5 à 15 % de la population) que les États-Unis (59 %). « La religion est quasi morte en Grande-Bretagne, notait Luce, alors cela vaudra le coup d'observer les réactions déclenchées par la venue de Billy. [...] Il ne manquera pas d'être traité avec dédain par tous ceux que tu connais. »

L'un de ces arrogants, expliquent Gibbs et Duffy, était un éditorialiste du *Daily Mirror*, « un certain William Connor, qui surnommait Graham "la version hollywoodienne de saint Jean Baptiste". Comme il le faisait souvent avec ses éminents détracteurs, Graham lui proposa de le rencontrer ; Connor, non sans malice, suggéra un rendez-vous dans un pub nommé *The Baptist's Head* ».

Il apparut que ni Luce, ni Laguerre, ni Connor n'avaient vu juste quant à l'effet produit par Graham sur les Britanniques. « L'affluence fut telle, la première semaine, qu'il fallut ensuite prévoir trois rassemblements chaque samedi au Harringay Stadium. [...] Soir après soir, qu'il pleuve, qu'il vente ou qu'il neige, douze mille personnes, dont mille debout, venaient l'écouter prêcher. » Parmi elles, des membres du Parlement, un amiral et le chef d'état-major de la marine. Les journalistes n'avaient pas non plus imaginé l'effet que Graham aurait sur eux, en particulier William Connor. Après qu'il eut discuté avec le révérend, son scepticisme céda la place à l'admiration. « Je n'aurais jamais cru que la gentillesse pouvait être aussi incisive, confessa-t-il à propos de Graham dans un article. Je n'aurais jamais cru que la simplicité pouvait nous rosser aussi fort, nous, pauvres pécheurs. On en apprend tous les jours[1]. »

---

1. Nancy Gibbs et Michael Duffy, *The Preacher and the Presidents*, Center Street, 2007.

Graham aurait pu choisir d'ignorer les coups de griffes insolents ou y réagir par une indignation que la presse aurait relayée, mais il a choisi un chemin plus noble, une voie beaucoup plus efficace. Il a évité une controverse tout en ralliant à sa cause un opposant grâce à sa bienveillance.

Il est rare que les disputes mènent loin ; en général, chacun en sort encore plus campé sur ses positions. Quand bien même vous auriez raison, la controverse est aussi vaine que si vous aviez tort.

L'humoriste Dave Darry le résume de cette manière : « Je suis très fort dans les discussions animées. Vous n'avez qu'à demander aux amis qu'il me reste. Quel que soit le sujet, quel que soit l'adversaire, c'est toujours moi qui gagne. Les gens le savent, et en général ils m'évitent en soirée. Souvent, pour me montrer à quel point ils me respectent, ils ne m'invitent même pas. »

Nous passons tellement de temps en ligne à polémiquer ou à nourrir des controverses. Il suffit de regarder les commentaires sur les blogs ou les sites d'information : c'est presque toujours une succession d'avis personnels ou de surenchères. Au-delà de cela, la logorrhée des marques et des politiques, devenue permanente, semble viser d'abord à dérouler des arguments au lieu de chercher un terrain d'entente sur lequel construire une plus-value mutuelle. Peu de ces discussions parviennent à faire changer les gens d'avis. Et comme l'on peut se cacher derrière un avatar, sans risquer les conséquences de confrontations physiques, les deux parties se permettent de céder à des attaques personnelles ou de rester dans l'ambiguïté passive – les deux leviers les moins efficaces des relations humaines.

Ce fut le cas de Tony Hayward, l'ancien directeur général de BP, qui choisit une ligne de défense très arrogante lors de l'explosion d'une plateforme pétrolière dans le golfe du Mexique en avril 2010. Le bilan fut tragique : onze morts, une marée noire qui ravagea l'écosystème et des milliers de travailleurs privés de leur gagne-pain dans tout le pays.

Selon un article du *Times*, Hayward commença par récuser les données scientifiques concernant la nature et l'ampleur de la marée noire. Il soutint ensuite qu'elle était « minuscule » par rapport à la taille de l'océan, et que l'impact environnemental de cette marée noire – la plus importante qu'aient connue les États-Unis – et des 3,5 millions de litres de produits toxiques déversés pour la traiter serait « très très modeste ». Ces commentaires inaugurèrent une série de gaffes, parmi lesquelles des excuses maladroites présentées aux habitants de la Louisiane, lors desquelles il déclara : « Je veux retrouver ma vie d'avant. » Hayward ne put jamais s'en relever. Quand on apprit que, deux jours après son audience tendue devant le Congrès, il assistait à une régate au large de l'île de Wight, dans laquelle concourait son yacht, *Bob*, les derniers doutes s'évanouirent : qu'il eût raison ou pas, Tony Hayward avait perdu non seulement toute crédibilité, mais aussi la bataille de l'opinion publique. Et en matière d'influence, c'est souvent la seule qui compte.

Avec une telle ligne de défense, le directeur général de BP n'inspirait plus confiance. Il ne semblait se soucier que de lui-même et de son empire. Son attitude valut à BP d'inspirer non plus la suspicion mais le rejet, au-delà même des responsabilités qui restaient à établir. La marque commença à subir un boycott. Pourquoi faire le plein dans une station BP alors que des dizaines d'autres appartenaient à des entreprises dont les directeurs ne tentaient pas de s'exonérer de leurs responsabilités ?

Cette réaction en chaîne était certes pour partie une question de ressenti, mais la réalité et l'impression se confondent, quand les faits ne sont pas clairs. Et en matière de relations humaines, le ressenti est souvent si puissant que les faits les plus irréfutables ne suffisent pas à balayer la mauvaise presse qui les a précédés.

À la décharge d'Hayward, il se montra bien plus lucide sur la responsabilité de son entreprise et sur sa propre approche de la tragédie après sa démission de BP. Ses amis le décrivent comme un homme sympathique et généreux, ce dont nous n'avons aucune raison de douter. De plus, l'histoire de BP a été celle d'une entreprise sérieuse et respectable pendant des décennies. Hayward et BP méritent d'être estimés pour ce qu'ils ont fait de mieux, tout comme nous le mériterions si nos démêlés avec notre conjoint(e), un collègue ou un client se retrouvaient étalés sur la place publique. Et sans doute le seront-ils à l'avenir. Mais pourquoi ne pas éviter le creux de la vague ?

Chaque jour ou presque nous apporte une occasion de conflit. Alors, comment empêcher une discussion de tourner en dispute ? Au bout du compte, il s'agit d'accorder plus de valeur à l'interdépendance qu'à l'indépendance et de comprendre qu'une négociation courtoise est plus efficace à long terme qu'une croisade inflexible.

Un leader d'Amérique latine incarne bien l'intérêt de ce principe, en dépit d'un contexte historique et personnel difficile. Si l'on considère que cet homme a grandi dans la pauvreté, qu'il a dirigé un syndicat dans un pays peu réputé pour ses droits sociaux, qu'il a vu mourir sa femme enceinte de huit mois parce qu'ils n'avaient pas les moyens de la soigner, et qu'il a créé son propre parti politique, on pourrait s'attendre à avoir affaire à un vrai guerrier. Mais Luiz Inácio Lula da Silva, plus connu sous le nom de Lula, déjoue tous les pronostics. « Ma mère m'a toujours dit que deux personnes ne peuvent pas se battre si l'une des deux ne le veut pas », confia-t-il un jour à un journaliste. C'est pourquoi Lula ne se bat pas, une philosophie qui l'a aidé à devenir président du Brésil et à se maintenir à ce poste pendant près de dix ans. Quand le parti socialiste qu'il venait de former a perdu les élections année après année, il a conclu une alliance avec un parti de droite et cherché à séduire les patrons malgré ses objectifs sociaux. Il a été élu président sur la promesse de donner la priorité aux pauvres, ce qui ne l'a pas empêché de travailler avec les plus riches pour stimuler la croissance.

« Je me considère comme un négociateur. Si nous voulons la paix et la démocratie, nous devons être tolérants et négocier davantage », a-t-il expliqué[1]. Cet

---

1. « Lula, In His Own Words », *Time*, 19 septembre 2008, www.time.com/time/world/article/0,8599,1842949,00.html

esprit de tolérance et de négociation lui a permis d'accomplir des choses étonnantes pendant sa mandature. Grâce à des alliances dans son pays et à l'étranger, il a mis en œuvre un programme social qui a sorti plus de vingt millions de personnes de la pauvreté, tout en instaurant une période de forte croissance et de stabilité économique. Alors que le Brésil se caractérise par un contraste criant entre populations riches et pauvres, les qualités relationnelles de Lula ont contribué à inverser le cours des inégalités[1].

Pour Esther Jeles, spécialiste en éthique des affaires, la notion de communication est très souvent mal interprétée : « On se focalise sur le message délivré, ce qui nous empêche d'exploiter pleinement le potentiel de nos échanges[2]. »

Si toutes les techniques de développement personnel se fondent sur le fait d'écouter sa sagesse intérieure, ce n'est pas sans raison. C'est ce qu'Esther Jeles rappelle aux employés et aux cadres des grandes entreprises qu'elle conseille. « Il y a en chacun de nous une mine de compréhension de soi, de connaissances et d'idées, explique-t-elle. La tension et le conflit surviennent lorsque l'on oublie que les autres possèdent eux aussi une sagesse intérieure qui mérite d'être entendue. »

Alors, comment parvenir à éviter les conflits ? La logique d'interdépendance présente ici un réel avantage.

---

1. « Times Topics : Luiz Inácio Lula da Silva », *New York Times*, 3 janvier 2011, http://topics.nytimes.com/top/reference/timestopics/people/d/luiz_inacio_lula_da_silva/index.html

2. Entretien avec l'auteur, 25 mars 2011.

On y parvient, dit Esther Jeles, dès lors qu'on « accepte que la probabilité d'échanges fructueux est toujours plus grande quand on intègre l'expérience et le point de vue des autres ».

Même si vous êtes quelqu'un de très persuasif, vous n'éviterez pas les conflits en prenant le dessus sur les autres. La tension doit au contraire aboutir à un élargissement des points de vue et à une édification mutuelle. Si vous parvenez à échanger au-delà des points de discorde, la collaboration avec les autres aboutira rarement à une impasse.

«Tout le monde sait attirer l'attention, affirme Esther Jeles, mais peu de gens savent à la fois attirer l'attention et inspirer le respect. » Faites-vous remarquer en évitant les polémiques là où la plupart des autres s'y perdent.

2

Ne dites jamais : «Vous avez tort»

Dans une discussion, il est rare que la meilleure solution, la décision la plus sage ou l'idée la plus géniale soit le fait d'une seule des deux parties. Pourtant, nous sommes prompts à dire à l'autre qu'il a tort, souvent avant même de prendre le temps de réfléchir à ce qu'il avance.

Même si l'on est persuadé que quelqu'un a tort, le lui exprimer est la meilleure manière de couper court à toute issue positive.

« Ceux qui oublient le passé sont condamnés à le répéter. Mais ceux qui tirent les mauvaises leçons du passé courent le même risque », écrit Deepak Malhotra, professeur à la Harvard Business School, en introduction d'un article analysant deux conflits comparables intervenus au sein de la National Football League (NFL) en 2011 et de la National Hockey League (NHL) en 2004-2005.

Dans les deux conflits, les dirigeants, préoccupés par la hausse de leurs coûts, ont demandé aux joueurs d'accepter une réduction de la part des bénéfices qui leur était reversée. Dans les deux conflits, les joueurs ont refusé et demandé à voir les comptes. Dans les deux conflits, les dirigeants ont d'abord refusé de se justifier. À la NHL, tout le monde campant sur ses positions, la situation a tourné à la catastrophe. « Les accusations de cupidité allaient bon train, explique Malhotra. Incapable de résoudre ce différend plusieurs mois après l'expiration de la convention collective, la NHL a dû annuler la saison, ce qui a entraîné une perte de chiffre d'affaires de deux milliards de dollars. »

Un résultat couru d'avance ? Selon Malhotra, il aurait pu être évité si les deux parties avaient compris le problème relationnel basique qui était au cœur de ce conflit. « La saison a été perdue pour les deux camps parce que les dirigeants ont refusé d'admettre que les inquiétudes des joueurs étaient légitimes. Ils ont pris leur méfiance pour de la cupidité, ce qui les a amenés à choisir la mauvaise stratégie – l'inflexibilité au lieu de la transparence – et à s'y tenir. »

Le conflit est tombé dans le piège du « J'ai raison et tu as tort », parce que personne n'a envisagé l'alternative, à savoir que les deux parties pouvaient avoir raison. On peut en tirer une leçon importante. « Les négociations deviennent plus constructives dès lors que chaque partie admet que l'autre peut avoir des questionnements légitimes. Dans le conflit en cours à la NFL, les dirigeants et les joueurs doivent parvenir à nuancer leurs points de vue, sans quoi les supporters américains pourraient bien devoir se passer de matchs de football l'automne prochain[1]. »

La nuance est une notion-clé à garder en tête au cœur d'un conflit. La plupart du temps, nos divergences sont bien plus minces qu'on ne l'imagine. Nous envisageons pourtant facilement ces écarts comme autant d'abîmes infranchissables – et il ne reste plus alors à l'une des parties qu'à se jeter (ou se laisser pousser) dans le précipice au bénéfice de l'autre. Mais cette manière de voir est loin de la réalité. « L'amitié qui exige un accord sur tous les sujets ne mérite pas son nom, disait le Mahatma Gandhi. La véritable amitié supporte le poids des différences, même les plus grandes. » En vérité, nos divergences sont le plus souvent de petites failles que l'ouverture d'esprit suffit à combler.

« On prend la parole parce que l'on sait quelque chose, explique Esther Jeles. Ou parce que l'on pense savoir quelque chose. Ou, dans le milieu professionnel, parce que l'on est censé savoir quelque chose[2]. » Ce présupposé tend à jouer contre nous, dans la mesure où il nous rend hermétiques à tout ce qui pourrait exister en dehors de ce que nous versons au débat. On aborde la discussion dans l'idée qu'elle doit confirmer ce que l'on va dire, et si cette confirmation ne vient pas, on passe son temps à essayer de rejeter le jugement de l'autre ou à lui contester le simple droit d'émettre un jugement.

1. Deepak Malhotra, « Mistaking Mistrust for Greed : How to Solve the NFL Dispute », *Forbes*, 14 mars 2011, www.forbes.com/2011/03/14/nfl-nhl-contracts-opinions-contributors-deepakmalhotra.html

2. Entretien avec l'auteur, 25 mars 2011.

En conséquence, la collaboration est stérile. Si vous adoptez une telle approche, vous progresserez rarement dans les échanges.

Pour résoudre un conflit, trouver une solution à un problème ou coopérer efficacement, explique Esther Jeles, il faut commencer par se vider l'esprit – de ce que l'on sait ou de ce que l'on est censé savoir.

« Cela peut se révéler très difficile, admet-elle, parce que l'on nous a appris à défendre nos points de vue, à montrer notre savoir, notre intelligence : je pense, donc je parle. » Mais aborder une discussion l'esprit vierge permet une approche plus modeste et plus honnête. On admet alors la possibilité de ne pas tout savoir et de ne pas détenir la vérité. Mieux encore, on crée les conditions d'une collaboration féconde – les points de vue, les idées et les expériences se fondant dans un tout qui dépasse la somme des parties.

Le fait que nous pourrions ne pas être les seuls à avoir raison, et que nous pourrions même avoir tort, se vérifie bien sûr le plus souvent, mais nous avons du mal à l'admettre. Pourquoi cela ?

C'est en général parce qu'à nos yeux une victoire personnelle est plus importante qu'un succès collectif. Ce qui a pour conséquence non seulement d'enrayer la dynamique de la relation, mais aussi de se priver de la possibilité de progrès plus importants que ceux que nous escomptions. Si notre seul but, dans un conflit, est de chercher un gagnant, nous manquons d'ambition. Voici une histoire rapportée par Esther Jeles, tirée de son expérience auprès d'un grand groupe de médias dont la réactivité au moment de la catastrophe de l'ouragan Katrina avait entraîné un conflit interne.

Un soir, le président de ce groupe l'appela à minuit sur son portable pour lui demander de participer à une réunion le lendemain matin à la première heure. Il pensait qu'elle pourrait aplanir les difficultés prévisibles, la réunion portant sur une série de problèmes.

Au moment de la tragédie provoquée par Katrina, le groupe avait rapidement déployé 90 % de ses effectifs dans différentes régions du golfe du Mexique. Sans planning, sans stratégie, seulement avec la consigne générale de revenir avec de bons sujets. Deux semaines plus tard, les équipes reprenaient leur poste au milieu d'une belle pagaille.

« J'ai quatre équipes de production qui se battent pour avoir la priorité de diffusion, expliqua le président. J'ai le service juridique qui se bat avec la production pour qu'elle fasse toutes les vérifications qui s'imposent. Et j'ai le service financier qui se bat avec tout le monde pour l'imputation des énormes dépenses engagées. » Il marqua une petite pause avant de préciser : « Ça nous a coûté six fois plus cher que notre plus grosse production jusqu'à présent. »

Le président attendait d'Esther Jeles qu'elle aide tout ce beau monde à se parler. Et celle-ci savait précisément comment s'y prendre.

Le lendemain matin, elle assista à une scène familière : les responsables et leurs équipes entrèrent dans la salle de réunion armés – métaphoriquement – des dossiers qu'ils s'apprêtaient à défendre. Tandis qu'ils s'instal-

laient autour de la table, elle leur lança une invitation :
« J'aimerais que chacun de vous prenne un moment
pour réfléchir à cette question : qu'est-ce que j'aurais
pu faire différemment pendant cette mission qui aurait
aidé les autres services ? »
Elle entendit alors dans sa tête le bruit sourd des dossiers qui tombaient par terre. Puis, un par un, les responsables entamèrent une série de propositions devant
une assemblée attentive.
Le directeur financier suggéra que ses équipes comptables et la production préparent un budget préliminaire
pour les projets.
« On n'a pas de temps à consacrer aux budgets quand il
faut réagir à une actu chaude, répliqua le vice-président
de la production d'un ton sec.
– Est-ce que vous voyez pourquoi le service financier
suggère cela ? demanda alors Esther Jeles.
– Pour éviter les dépenses excessives, répondit le
vice-président.
– La fonction comptable est essentielle à la survie de
l'entreprise, ajouta-t-elle. Elle est aussi importante que
la production. Est-ce que vos deux départements pourraient travailler ensemble sur un budget préliminaire
pour les missions d'une semaine, et sur un budget de
crise, avec différents plafonds selon l'importance de
l'événement ? »
Les deux responsables acceptèrent. La médiation
continua.
Le chef du service juridique suggéra que ses équipes
rédigent un document détaillant les « principaux pro-

blèmes de validation», afin que la production ait tous les éléments en amont, ce qui éviterait de perdre du temps en vérifications.

«Très bonne idée, commenta Esther Jeles après avoir vu que le vice-président approuvait d'un signe de tête.

– Ça marche», confirma le chef du service juridique.

La réunion se poursuivit sur le même mode, au point que les participants abordèrent en détail les éléments qui devraient figurer dans les documents et les budgets suggérés. En une demi-heure, tout le monde s'était mis d'accord sur des solutions. La réunion était officiellement terminée, mais c'est là que le plus étonnant se produisit : plusieurs personnes restèrent autour de la table pour capitaliser sur la dynamique enclenchée.

Alors qu'Esther Jeles s'apprêtait à partir, le président s'approcha : «En vingt-cinq ans, lui assura-t-il, je n'avais jamais assisté à une réunion où les gens qui écoutent sont plus nombreux que ceux qui parlent.»

Dans le même esprit que tous les grands artistes, qui commencent par une page blanche, une toile vierge ou une motte d'argile, nous devons aborder les conflits en étant ouverts à tout ce que l'autre pourrait nous apprendre ou nous apporter. C'est seulement dans ces conditions que notre potentiel relationnel peut s'exprimer.

Le 26 juin 2000, dans la salle Est de la Maison-Blanche, le président Bill Clinton annonça officiellement la fin d'un premier séquençage du génome humain. «L'humanité est sur le point d'acquérir un immense nouveau pouvoir de guérison», commenta-t-il.

À côté de lui se tenait le Dr Francis Collins, éminent généticien et responsable du projet Génome humain. Depuis sept ans, il dirigeait une équipe internationale de plus d'un millier de scientifiques relevant « le défi de réaliser un tour de force technologique que beaucoup situent entre la fission de l'atome et les premiers pas de l'homme sur la Lune. "Il n'y a qu'un seul projet Génome humain, et cela n'arrivera qu'une fois, disait Collins à l'époque. J'ai une chance extraordinaire de diriger ce projet et de pouvoir y imprimer ma marque personnelle"[1] ».

Un défi d'autant plus intéressant que Collins était en concurrence avec l'un de ses anciens collègues.

En mai 1998, cinq ans après que Collins eut accepté de prendre les rênes du projet, Craig Venter, un biologiste des NIH qui comptait parmi les nombreux scientifiques travaillant sur l'ADN pour faire avancer les thérapies géniques, annonça qu'il fondait une société pour concurrencer le projet de Collins.

La « course » entre les deux hommes fit couler beaucoup d'encre. Leurs personnalités très contrastées se trouvaient au centre des commentaires – Venter était aussi impétueux que Collins était réservé. Ce dernier n'eut d'autre choix que d'accepter la compétition. Ce qui l'obligea à stimuler la collaboration, au-delà des ego, entre des scientifiques de six pays, de nombreuses

---

1. J. Madeleine Nash, « Francis Collins : DNA Helmsman », *Time*, 25 décembre 2000, www.time.com/time/magazine/article/0,9171,998873,00.html

agences gouvernementales et encore davantage de laboratoires universitaires.

Dans ce contexte, la manière dont Francis Collins présenta Craig Venter ce 26 juin 2000 à la Maison-Blanche est encore plus remarquable : « Éloquent, provocateur et jamais complaisant, il a ouvert la voie à une nouvelle manière d'envisager la biologie. [...] C'est un honneur et un plaisir de l'inviter à vous parler de cette réussite historique. »

Collins a choisi la voie de la coopération et du partenariat, résistant à la tentation de dire à Venter qu'il avait eu tort. Au bout du compte, il le voyait seulement comme un homme différent. Différent, mais pas opposé. Collins admet qu'ils ne sont « pas conçus sur le même modèle », mais « considère que Venter a été pour lui "une stimulation très positive"[1] ».

Dire aux autres qu'ils ont tort, c'est en fait exprimer en creux que l'on ne veut pas être rejeté. C'est parce que l'on n'a pas envie d'avoir tort soi-même que l'on projette ce rôle sur les autres. N'eût été un douloureux rappel, Dale Carnegie lui-même aurait pu tomber dans le piège de cette réaction trop humaine.

Peu de temps après la Première Guerre mondiale, il travaillait pour sir Ross Smith. Pendant le conflit, ce pilote australien s'était montré héroïque en Palestine ; et peu après la fin de la guerre, il avait fait sensation en accomplissant le premier vol de Londres vers l'Australie en trente jours. Le gouvernement australien lui avait

---

1. *Ibid.*

offert cinquante mille dollars, le roi d'Angleterre l'avait anobli et, pendant quelque temps, il avait été au cœur de toutes les conversations.

Un soir, Carnegie assista à un banquet donné en l'honneur de sir Ross Smith. Pendant le dîner, son voisin raconta une histoire drôle qui se terminait par la citation suivante : « Il est un dieu qui façonne à son gré nos destinées, quelle qu'en soit l'ébauche faite par nous. » L'homme prétendait que cette phrase provenait de la Bible. Il se trompait, Carnegie en était certain. Pour affirmer son savoir – de son propre aveu –, il s'érigea en correcteur, ce que personne ne lui demandait, et fit observer que la citation était de Shakespeare.

L'homme se braqua. Shakespeare ? Absurde ! C'était un passage de la Bible, il en était certain.

Frank Gammond, un vieil ami de Carnegie, était assis à sa gauche. Gammond avait consacré des années à l'étude de Shakespeare. Aussi Carnegie et son voisin décidèrent-ils de soumettre la question à cet expert.

Après les avoir écoutés, Gammond donna un coup de pied sous la table à Carnegie et annonça : « Dale, vous avez tort, monsieur a raison. C'est un passage de la Bible. »

En rentrant avec son ami ce soir-là, Carnegie lui dit :

« Frank, vous saviez que c'était une citation de Shakespeare.

– Naturellement, répondit-il. *Hamlet*, acte V, scène 2. Mais nous étions les invités d'une soirée festive, mon cher Dale. Pourquoi vouloir prouver à un homme qu'il se trompe ? Est-ce là le moyen de vous rendre sympathique à ses yeux ? Pourquoi ne pas le laisser sauver la face ? Il ne vous a pas demandé votre avis. Il n'en voulait pas. Évitez toujours les querelles. »

C'est une leçon que Carnegie n'oublia jamais.

Dire aux gens qu'ils se trompent ne vous rapportera que des ennemis. Peu d'individus réagissent de manière rationnelle lorsqu'on leur dit qu'ils ont tort ; la plupart se rebiffent et ont tendance à se défendre, parce que vous mettez en doute leur jugement. Il ne faut pas simplement éviter de prononcer ces mots : « Vous avez tort. » Un regard, une intonation ou un geste sont parfois aussi éloquents, aussi devez-vous vous garder de montrer votre jugement de quelque manière que ce soit. Et si vous avez l'intention de prouver quelque chose, que personne n'en sache rien.

Lorsque nous communiquons de manière virtuelle, il est facile de laisser se glisser dans les échanges un certain ton qui dit à l'autre qu'il ou elle se trompe. Parfois, nous ne nous en rendons compte qu'avec du recul, en nous relisant quelque temps après. Nous pensions faire preuve de diplomatie mais, en l'absence de communication non verbale – une expression, le ton de la voix –, chaque mot a le poids d'une accusation. C'est l'une des raisons pour lesquelles il vaut toujours mieux résoudre un conflit en face à face.

Au lieu de présenter un argument tronqué par courriel, par messagerie instantanée ou par Twitter, créez les conditions d'une discussion conciliante et plus respectueuse de l'autre. Puis exposez votre point de vue dans un esprit d'ouverture. Même si vous avez raison et que votre interlocuteur se trompe, il est inutile de blesser son ego et de dégrader durablement votre relation. Vous vous souvenez sûrement de tous ceux qui vous ont fait savoir sans ménagement que vous aviez tort. Vous laisserez sans nul doute la même image négative si vous vous posez en donneur de leçons au lieu de faire avancer l'échange.

Privilégiez toujours la diplomatie. Admettez que vous pouvez vous tromper. Acceptez que l'autre puisse avoir raison. Soyez affable. Posez des questions. Et surtout, envisagez la situation du point de vue de l'autre et respectez-le.

Une telle approche, humble, mène à des relations inespérées, à des collaborations inespérées et à des résultats inespérés.

3

Si vous avez tort, admettez-le promptement et énergiquement

« L'arbitre s'est planté. » Voilà une phrase que l'on entend presque aussi souvent que «Votre chèque vient de partir au courrier». Les arbitres font régulièrement des erreurs, avec parfois d'importantes conséquences. Certaines sont demeurées célèbres.

Prenez «la main de Dieu», par exemple. En quart de finale de la Coupe du monde de football, en 1986, l'Argentine et l'Angleterre sont à 0-0 quand Diego Maradona ouvre le score en récupérant un ballon dans les airs face au goal Peter Shilton. L'arbitre Ali Ben Nasser valide le but, n'ayant pas vu la main du capitaine argentin.

Puis il y eut Jeffrey Maier. En 1996, lors de l'American League Championship Series, les Orioles menaient 4-3 face aux Yankees dans la huitième manche, quand Derek Jeter, l'arrêt-court des Yankees, frappa une balle en direction du champ droit. Jeffrey Maier, un jeune garçon de douze ans, l'intercepta par-dessus la barrière, empêchant le voltigeur de droite des Orioles, Tony

Tarasco, de s'en saisir. L'arbitre Rich Garcia accorda un coup de circuit aux Yankees, qui remportèrent le match. La colère des supporters en cas d'erreur d'arbitrage est compréhensible. Le sport déchaîne les passions. Mais les arbitres sont humains, après tout, et ils peuvent se tromper. Ce qui est insupportable, en revanche, c'est qu'ils refusent de reconnaître leurs erreurs.

C'est ce qui rend si extraordinaire l'une des pires erreurs d'arbitrage de tous les temps.

On l'a appelée « le vol du match parfait ». Depuis 1900 et les débuts de l'ère du base-ball moderne, près de quatre cent mille matchs ont été joués aux États-Unis. Durant toute cette période, seuls dix-neuf lanceurs ont accompli l'exploit de réaliser un match parfait, c'est-à-dire d'éliminer dans l'ordre tous les frappeurs de l'équipe adverse sans abandonner le moindre point. Pour donner une idée de la performance que cela représente, la probabilité d'un match parfait (un sur vingt mille) est deux fois plus faible que celle d'être frappé par la foudre une fois dans sa vie[1].

En juin 2010, pourtant, Armando Galarraga, le lanceur des Tigers de Detroit, était sur le point de réaliser un match parfait. Après avoir obtenu vingt-six retraits consécutifs, Galarraga pensait avoir éliminé le dernier frappeur en récupérant la balle juste avant que son adversaire n'atteigne la première base. Mais l'arbitre Jim Joyce le déclara « sauf ».

---

1. www.nws.noaa.gov/om/lightning/medical.htm

Galarraga s'est vu ravir un match parfait à cause d'une des plus flagrantes erreurs d'arbitrage de toute l'histoire du sport.

Mais c'est à partir de là que les choses prirent une tournure inattendue, qui marqua sans doute plus encore les mémoires.

De retour au vestiaire, Joyce demanda tout de suite à voir la vidéo. Un seul visionnage de la scène lui suffit à se rendre compte de son erreur. Mais au lieu de laisser retomber le soufflé en silence comme l'auraient fait beaucoup de ses collègues, il se rendit dans le vestiaire des Tigers et demanda à voir Galarraga.

Rouge comme une pivoine et au bord des larmes, l'arbitre prit le lanceur dans ses bras et parvint à articuler deux mots avant d'éclater en sanglots : *« Lo siento*[1]. »

Il lui présenta sans détour ses plus plates excuses. Ce faisant, il marqua l'histoire du base-ball. Il y avait déjà eu des matchs parfaits, mais jamais encore de match de la rédemption.

Nous avons tous beaucoup de choses en commun : la naissance, la mort et toute une vie d'erreurs, de fautes et de gaffes. Tout le monde le sait, et la plupart de nos erreurs méritent le pardon, même si elles ont le don d'exaspérer les autres ou de les mettre hors d'eux pour un temps.

Alors, pourquoi nous est-il si difficile de les reconnaître ? Prenez Tiger Woods, par exemple. Son accident de voiture un soir de Thanksgiving a déclenché toute une

---

1. « Je suis désolé. » *(N.d.T.)*

série d'accusations et d'allégations sur ses infidélités. Autrefois, les commérages auraient fait le tour de la ville. Mais à l'ère d'Internet, la rumeur se diffuse, accuse et condamne du jour au lendemain.

La réaction de Woods ? Une déclaration préparée dans laquelle il reconnaissait vaguement ses « transgressions » et appelait au respect de sa vie privée. Son monde personnel et professionnel s'est soudain écroulé autour de lui. Les sponsors l'ont lâché, sa femme l'a quitté et ses talents de golfeur en ont beaucoup souffert.

Aurait-il pu choisir une autre voie ? Bien sûr.

Dans les premières semaines du scandale, alors que les sponsors ne lui avaient pas encore tourné le dos et que son couple n'avait pas encore éclaté, des spécialistes des relations publiques ont suggéré une stratégie qui aurait pu stopper l'hémorragie beaucoup plus tôt. Dans un article du *Phoenix Business Journal*, Mike Sunnucks citait Abbie Fink, du cabinet HMA :

> « Selon Fink, Woods et ses conseillers ont choisi le silence plutôt que de faire face à une histoire qui a fini entre les mains de TMZ et du *National Enquirer*[1]. "Si Woods ne leur donne rien, les médias iront chercher des sources ailleurs. Et au vu des dernières informations, il semble que beaucoup de gens veuillent donner leur version de l'histoire", explique-t-elle.
>
> Pour Troy Corder, directeur de Critical Public Relations, à Phoenix, l'entourage de Woods a commis de nombreuses erreurs, notamment en mentant, en se recroquevillant sur lui-même comme dans un bunker et en n'étant pas prêt à

---

1. Un site people et un tabloïd américains. *(N.d.T.)*

répondre aux articles des tabloïds, qui comportaient une part de vérité[1]. »

Des excuses publiques sincères et rapides auraient fait descendre Tiger Woods de son piédestal d'une manière positive. Il avait acquis le statut d'icône intouchable. Un mea culpa aurait non seulement calmé le jeu, mais rappelé aux gens que la star était comme eux, un être humain sujet aux erreurs pas toujours glorieuses – ce que l'on savait tous, dans le fond. Cela lui aurait tout simplement permis de revenir en grâce beaucoup plus tôt.
Amy Martin, blogueuse et fondatrice de l'agence The Digital Royalty, avait observé à l'époque :

> «Tiger devrait humaniser son image dans les médias sociaux, en particulier en utilisant Twitter et la vidéo. Son compte Facebook a tout d'une brochure promotionnelle, ses fans restent sur leur faim, ils n'ont jamais accès à ce qui se passe en coulisse. [...] S'il avait laissé les gens voir l'homme derrière la superstar, les ressentis et les attentes liés aux récents événements auraient pu être différents[2]. »

Malheureusement, ce n'est pas la voie que les conseillers de Woods ont choisie après le scandale qui a changé le cours de sa carrière. Et le soufflé a mis bien longtemps à retomber. Voilà ce qui se passe lorsqu'on ne

---

1. Mike Sunnucks, « PR Experts : Tiger Woods Could Lose Endorsements, Needs to Show Sincerity in Wake of Affairs », *Phoenix Business Journal*, 2 décembre 2009.
2. *Ibid.*

fait pas attention à ce principe à l'ère numérique. Les informations négatives se répandent plus vite que jamais. Si vous avez commis une erreur, vous avez tout intérêt à contrôler le flux des commentaires. Dites la vérité promptement et énergiquement.

S'il nous est si difficile d'admettre nos erreurs, c'est en partie parce que nous sommes enclins à perdre de vue tout ce que des excuses véhiculent. Et c'est d'autant plus dangereux aujourd'hui. Quand on reconnaît ses erreurs tout de suite et avec force, c'est comme si l'on publiait un communiqué de presse annonçant que l'on se soucie des gens que l'on a blessés, que l'on a honte et que l'on veut réparer le mal. Les gens restent rarement déçus ou en colère quand ils voient que l'on regarde la réalité en face. Nous accordons beaucoup plus facilement notre pardon à ceux qui avouent tout de suite.

Comparez l'image qu'a aujourd'hui Jason Giambi, ce joueur de base-ball qui a immédiatement confessé, en larmes, avoir pris des stéroïdes lorsque le scandale a éclaté, et celle de Mark McGwire, qui a attendu cinq ans pour l'avouer. Giambi a repris une vie normale assez rapidement. Le public lui a pardonné. McGwire avait certainement des raisons de différer ses explications mais, dans l'esprit de beaucoup de supporters, son nom restera à jamais associé à ce scandale.

Ne pas assumer clairement nos erreurs revient aussi à publier un communiqué de presse, mais qui, cette fois, dirait : « Je veux retrouver ma vie d'avant. » Tout le monde aimerait pouvoir revenir en arrière après un faux pas, mais n'oublions jamais que nous sommes les seuls responsables. Ce n'est pas aux autres de réparer nos fautes. Nous sommes les seuls à en avoir l'opportunité, et cela commence toujours par le fait d'admettre nos torts promptement et énergiquement.

Nous oublions tous, à un moment ou à un autre, que l'on trouve une certaine satisfaction à avoir le courage de reconnaître ses erreurs. Non seulement cela nous débarrasse de notre culpabilité, mais souvent cela nous aide à réparer les conséquences beaucoup plus vite.

Ronald Reagan était surnommé « le Grand Communicateur » parce que, au grand dam de ses détracteurs, il lui suffisait d'un bon mot pour renverser une position de faiblesse et reprendre l'avantage.

L'une de ses méthodes maintes fois éprouvées ? Un sens aigu de l'excuse. Lors d'un épisode particulièrement difficile de sa présidence, il se moqua de la confusion supposée régner à la Maison-Blanche, concédant : « Notre main droite ne sait pas ce que fait notre main encore plus à droite[1]. »

Reagan savait qu'il est plus facile de se condamner soi-même que de laisser les autres s'en charger. Si vous savez que vous vous exposez à des reproches, n'est-il pas préférable de couper l'herbe sous le pied de vos détracteurs ?

Quand on reconnaît ses erreurs, les autres nous accordent en général leur pardon. Tout de suite, le mal

---

1. Richard Norton Smith, «The Reagan Revelation: At 100, Why He Still Matters», *op. cit.*

est amoindri à leurs yeux. C'est seulement lorsqu'on fuit ses responsabilités ou que l'on refuse d'admettre ses torts que l'on déclenche la colère autour de nous, et ce jugement négatif ne fait que s'amplifier et se répandre.

De nos jours, nous avons l'opportunité de diffuser largement nos excuses, de faire savoir à toutes les personnes concernées que nous nous sommes trompés et que nous en sommes désolés. En prenant cette initiative, nous étouffons les critiques dans l'œuf. Et nous gagnons le respect des gens, parce qu'il faut du courage pour admettre publiquement ses erreurs.

Il en faut aussi pour les admettre en privé. Pensez aux couples autour de vous. N'est-il pas difficile de reconnaître ses fautes face à son partenaire ? C'est comme se planter un poignard dans le ventre. Mais quelle que soit l'erreur à confesser, il est essentiel de choisir la voie de l'humilité et de compter sur le pouvoir du pardon.

Anne menait une brillante carrière dans la finance et était mère de trois enfants. Diplômée d'une école prestigieuse, marié à l'homme de ses rêves, elle n'avait jamais vraiment connu l'échec. Un soir, lors d'un séminaire professionnel, elle sortit boire un verre avec quelques collègues. Le premier verre en appela un deuxième, puis un autre et, au fil de la soirée, le petit groupe se délita jusqu'à ce qu'il ne reste plus qu'Anne et un collègue masculin.

Ils décidèrent de rentrer à l'hôtel et, dans l'ascenseur, échangèrent un baiser. Quelques secondes plus tard, ils se tenaient devant la porte de la chambre d'Anne. Elle l'ouvrit. Ils s'embrassèrent à nouveau. Puis ils s'arrêtèrent. Il s'écarta, elle aussi.

Ils étaient mariés tous les deux ; ils aimaient leur conjoint. Ils s'embrassèrent à nouveau. Et puis ils s'arrêtèrent. Et la porte se referma. Anne alla se coucher seule... et se réveilla au beau milieu d'un cauchemar où elle trompait l'homme de ses rêves.

Elle rentra deux jours plus tard et se tut pendant six ans. C'était une erreur. Une erreur d'un soir, avec un seul témoin qui n'allait pas révéler quoi que ce soit.

Les années passèrent, avec ce souvenir enfermé à double tour en lieu sûr dans un coin de sa mémoire. Elle savait que si ce secret s'éventait, c'en serait fini de celle à qui tout réussissait et qui ne commettait jamais d'erreur.

Mais un soir, en vacances, elle avoua tout à son mari. Il la regarda et se mit à pleurer. Elle s'était préparée à bien des réactions, mais pas à cela.

Pendant les semaines qui suivirent, ils se parlèrent beaucoup, ainsi qu'à leurs amis et à leur pasteur. La souffrance de son mari déchirait le cœur d'Anne. Mais une autre chose s'était déchirée en elle : son masque de perfectionnisme. Apprenant son erreur, ses amis ne voulurent pas la juger et lui accordèrent leur pardon ; cette réaction, qui lui semblait inimaginable, la bouleversa.

Elle découvrit que la vérité avait le pouvoir de la libérer.

L'erreur d'Anne ne fut pas sans conséquences, mais en la confessant avec humilité, elle se rendit compte qu'elle pouvait être aimée malgré ses faiblesses. Si seulement elle s'était soulagée de ce poids six ans plus tôt…

Il ne tient qu'à nous d'avoir le même courage qu'Anne. Le premier imbécile venu est capable d'argumenter pour justifier ses erreurs – et la plupart ne s'en privent pas –, mais les reconnaître vous place au-dessus de la mêlée et procure un sentiment de joie profonde.

Fin 2010, comme tous les ans, le magazine américain *Sports Illustrated* désigna le « Sportif de l'année » après d'âpres discussions. Le trophée revint finalement à Drew Brees, le quarterback des Saints de La Nouvelle-Orléans, pour avoir mené son équipe à la victoire – la première de son histoire – lors du Super Bowl, la finale de la ligue professionnelle de football américain. Ce choix était parfaitement justifié.

Pourtant, Chris Harry, d'AOLnews.com, aurait aimé voir deux autres hommes se partager ce trophée. « Si l'on parle uniquement d'esprit sportif, à mes yeux, rien ne peut égaler ce qui a suivi le match du 3 juin. » Et le journaliste de poursuivre en racontant l'histoire désormais célèbre du « vol du match parfait », avant de conclure :

> « Seize heures plus tard environ, les deux équipes s'affron-tèrent à nouveau, mais la rencontre la plus importante eut lieu juste avant le coup de sifflet, lorsque Galarraga vint signer la feuille de match. Joyce l'attendait. Les deux hommes se serrèrent la main et se donnèrent l'accolade, dans un geste de fair-play parmi les plus émouvants et les plus nobles de l'histoire du sport. C'était un moment qui méritait d'être rappelé, et une belle leçon d'élégance et de dignité alors que les circonstances

auraient facilement pu – en particulier à notre époque – susciter une réaction très différente[1]. »

Mais deux mots avaient eu le pouvoir de tout changer : « *Lo siento.* »

1. Chris Harry, « Jim Joyce, Armando Galarraga Real Sportsmen of the Year », AOL News, 29 décembre 2010.

4

Commencez de façon amicale

«Les grands leaders [...] savent toujours tendre la main», écrit John C. Maxwell dans son ouvrage phare sur le leadership. Il raconte ensuite un épisode de sa vie où une entrée en matière amicale se révéla non seulement nécessaire mais hautement recommandée. Alors qu'il était encore jeune pasteur, on lui confia la responsabilité d'une église locale de l'Ohio en proie à certaines difficultés. Le président élu du conseil presbytéral était un certain Jim Butz, un grand gaillard impressionnant et l'homme le plus influent de la communauté. On prévint le pasteur que Butz avait une réputation de rebelle et que son comportement avait parfois conduit l'église sur la mauvaise voie.

La première initiative de Maxwell fut de fixer rendez-vous à Jim Butz dans son bureau. Cela aurait pu être un moment délicat à gérer – le débutant de vingt-cinq ans qui convoque le patriarche de quarante ans son aîné. Mais Maxwell dissipa tout malentendu en reconnaissant humblement la situation dès la première seconde de l'entretien. Jim avait de l'influence dans l'église et Maxwell souhaitait travailler avec lui, pas contre lui. Le jeune pasteur suggéra qu'ils déjeunent ensemble une fois par semaine pour aborder les problèmes et prendre des décisions ensemble. « C'est moi qui vais diriger cette église, dit-il, mais je n'imposerai aucune décision aux fidèles sans en avoir au préalable discuté avec vous. Je veux vraiment travailler avec vous. [...] Ensemble, nous pouvons réaliser de grandes choses pour cette église : c'est à vous de décider. »

À la fin de son intervention, explique Maxwell, « Jim ne dit pas un mot. Il se leva de sa chaise, sortit dans le couloir et alla se servir un verre à la fontaine à eau. Je lui emboîtai le pas et patientai. Après un long moment, il se redressa et se tourna vers moi. [...] Des larmes coulaient sur ses joues. Puis il m'enveloppa dans ses grands bras et me dit : "Vous pouvez compter sur moi, je vous soutiendrai[1]." »

L'amabilité appelle l'amabilité. Nous sommes plus enclins à approuver une personne ou à nous ouvrir à son point de vue lorsqu'elle nous inspire un sentiment de sympathie. Si, au contraire, elle nous paraît brusque, ou affairée, ou indifférente à la moindre des politesses, nous avons tendance à réagir en miroir aux émotions reçues. C'est un obstacle difficile à surmonter, que l'on vienne de rencontrer cette personne ou qu'on la connaisse depuis longtemps.

---

1. John C. Maxwell, *The 21 Irrefutable Laws of Leadership*, Thomas Nelson, 1999.

Pour ce qui est d'entamer un échange, rien n'est plus efficace que l'amabilité et la courtoisie, même si votre interlocuteur vous agace, vous horripile ou vous afflige. En commençant de façon amicale, vous envoyez le message suivant: « Je ne perds pas mon temps avec vous. Vous avez de la valeur à mes yeux. » Et ce message a un immense pouvoir – beaucoup plus que la plupart des gens ne l'imaginent.

David Shaner l'a appris à la faveur d'une incroyable expérience qu'il évoque dans un livre[1]. Un ami de longue date l'avait recruté comme professeur de ki-aïkido à l'Académie d'arts martiaux d'Aspen-Snowmass, une station de ski située dans le comté de Pitkin (Colorado), qui avait défrayé la chronique en 1970 lorsque le journaliste Hunter S. Thompson s'était porté candidat au poste de shérif du comté. Son programme? Dépénaliser la consommation de drogue, transformer les rues en pâturages, interdire la construction d'immeubles qui gâchent le paysage et rebaptiser la ville d'Aspen « Fat City » pour dissuader les investisseurs. Thompson perdit l'élection – de peu – mais ouvrit la voie à un autre homme aussi peu conventionnel que lui, bien que moins controversé, Dick Kienast. Quelques années plus tard, l'affiche de campagne de ce dernier comportait une citation de la philosophe et politologue nord-américaine Sissela Bok: « La confiance est un bien commun qu'il faut protéger au même titre que l'air que nous respirons ou l'eau que nous buvons. »

---

1. David Shaner, *The Seven Arts of Change*, op. cit.

Pour Kienast, le maintien de l'ordre devait obéir en toutes circonstances aux règles de politesse et de compassion, que les agents aient affaire à de dangereux criminels ou à des contrevenants du code de la route. «Cela marqua un changement capital, écrit Shaner, que beaucoup jugèrent inutile et absurde. [...] Toutefois, il ne se laissa pas déstabiliser.» Le shérif Kienast et ses adjoints comptèrent parmi les premiers élèves du cours de ki-aïkido de David Shaner. Bob Braudis était l'un des principaux adjoints de Kienast, à qui il devait succéder au poste de shérif du comté de Pitkin. Mais auparavant, il s'illustra par un bel exemple d'entrée en matière amicale.

Braudis avait une présence imposante et incarnait parfaitement le cliché du flic musclé et direct. Le contraste avec son attitude envers les gens n'en était que plus saisissant. Il n'élevait jamais la voix, même en plein cœur d'une situation explosive.

Un jour, un homme armé prit en otages les clients d'un restaurant local. Braudis, qui était alors le chef de patrouille, fut le premier à arriver sur place, où on l'informa de la situation. L'homme était divorcé et sa femme lui interdisait de voir sa fille, qu'il venait de croiser par hasard dans ce restaurant. Au lieu d'adopter une approche pacifique, l'homme avait perdu les pédales: il avait sorti un revolver et forcé toutes les personnes présentes à se soumettre à sa loi.

Évaluant le danger, Braudis opta pour une autre stratégie. Il s'approcha tranquillement de la fenêtre du restaurant, sans son arme. L'homme perçut la bienveillance du policier et lui permit d'entrer. Braudis s'adressa alors à lui sur un ton courtois, lui demandant de réfléchir aux conséquences de ses actes, qui pourraient au bout du compte lui valoir de ne plus jamais revoir sa fille.

« L'attitude placide de Bob, son discours rationnel sur le fond du problème et son empathie pour la fureur de cet homme avaient valorisé ce dernier, écrit Shaner. Et plus il parlait avec Bob, plus il se rendait compte que sa colère était essentiellement dirigée contre lui-même. Il finit par lâcher son arme, et alors toute son attitude changea. [...] Bob lui expliqua qu'il valait mieux qu'il sorte du restaurant avec les menottes : cela rassurerait les policiers à l'extérieur et ni l'un ni l'autre ne risqueraient de recevoir une balle. L'homme accepta et la crise se termina de manière pacifique[1]. »

La prochaine fois que vous vous apprêtez à écrire un courriel à quelqu'un qui vous a contrarié ou mis en colère, pensez à cette histoire. Allez-vous adopter un ton courtois ou laisser vos émotions prendre le dessus ? Saurez-vous prendre un peu de temps pour vous renseigner sur la vie de cette personne ou sur sa situation professionnelle, pour créer un lien en lui parlant d'un centre d'intérêt que vous avez en commun ? Si vous commencez de façon amicale, vous aurez beaucoup plus de chances d'obtenir le résultat que vous souhaitez, en particulier en cas de conflit.

« Je n'aime pas cet homme, a dit un jour Abraham Lincoln. Il faut que j'apprenne à mieux le connaître. » Si vous pensez que vous n'obtiendrez pas d'une personne

---

1. *Ibid.*

tel ou tel résultat sans créer un lien de sympathie, les SMS et autres messages courts ne vous mèneront pas bien loin. Avec si peu de place pour s'exprimer et aucune communication non verbale, il est très difficile de faire entendre sa bienveillance. Si une discussion en face à face n'est pas envisageable, utilisez au moins un moyen de communication qui offre suffisamment de temps et de place pour exprimer un certain degré de sympathie, comme c'était la règle à l'époque de Carnegie. Il faut certes de la créativité et un peu plus de temps pour reproduire l'effet d'un sourire chaleureux ou d'une franche poignée de main, mais ce n'est pas impossible. « Les médias sociaux demandent aux dirigeants d'entreprises de se mettre dans l'état d'esprit d'un commerçant de quartier », assure Gary Vaynerchuk, devenue une star du vin aux États-Unis grâce au succès de ses vidéos de dégustation sur Internet.

> « C'est-à-dire de privilégier une perspective à long terme et d'éviter de mesurer leurs progrès sur la base de performances immédiates. [...] En un mot, les dirigeants vont devoir réapprendre les valeurs qui animaient les entrepreneurs de la génération de nos grands-parents, qu'ils pensaient acquises. [...] seules les entreprises qui savent bien se comporter, à l'ancienne – et en toute sincérité – peuvent espérer rester compétitives[1]. »

Il fut un temps où l'on s'habillait pour sortir, où l'on saluait tous ceux que l'on croisait en allant travailler,

---

1. Gary Vaynerchuk, « Building a Business in the "Thank You Economy" », *Entrepreneur*, 16 mars 2011, www.entrepreneur.com/article/219296

où les réunions se passaient autour d'une table et où l'on allait rendre visite aux gens au lieu de leur passer un coup de téléphone. Nos interactions ont aujourd'hui atteint une dimension globale qui rend moins fréquents ces échanges concrets, mais il est toujours essentiel d'aborder les autres comme vous le feriez s'ils se tenaient devant vous. Sur son empire grandissant, Vaynerchuk explique : « Nous nous adressons à chacun comme si nous allions être son voisin de table au dîner le soir même chez sa mère[1]. » C'est la bonne façon d'aborder les choses, car elle place la responsabilité là où elle doit être : sur les épaules de celui qui communique.

Beaucoup de gens commettent l'erreur de la placer du côté de celui qui reçoit le message. Ils évaluent la pertinence de leur approche sur la seule base des réactions provoquées. C'est une pente glissante, à deux égards. D'abord, cela peut conduire à négliger la motivation profonde de la réaction. Si le seul étalon évaluant une communication est l'ampleur de la réponse obtenue, nous devenons vite de simples provocateurs, de vulgaires marchands de produits toujours en quête d'une ficelle pour capter l'attention du public. En matière de communication véritable, la stratégie du choc n'a que peu de valeur.

Ensuite, les réactions peuvent être trompeuses, surtout au début. Un tweet peut déclencher de nombreux retweets, mais ceux qui auront répercuté votre message ne seront pas pour autant devenus vos amis ou vos fans.

---

1. *Ibid.*

Ils pensent peut-être que votre tweet sera plus utile à quelqu'un d'autre ; pire, ils veulent peut-être tourner en dérision votre amateurisme ou votre manque de sincérité ou de tact. Les professionnels avisés savent bien que les pics de connexion provoqués par une opération marketing en ligne ou le buzz d'une campagne de communication ne signifient pas que des liens se soient créés.

Il existe une grande différence entre l'engagement et l'intérêt. On peut susciter l'intérêt de bien des manières, pas toujours brillantes. Le résultat reste souvent superficiel car les principales émotions suscitées sont la curiosité, la surprise ou le dégoût.

L'engagement se passe sur un autre plan : il s'agit de toucher les valeurs profondes d'une personne. Et parmi celles-ci, nous partageons tous le désir de ne pas être rejeté. Quand vous abordez quelqu'un d'une façon amicale, vous lui signifiez qu'il est *a priori* digne de devenir votre ami. C'est la raison pour laquelle « qui sème la courtoisie récolte l'amitié[1] ».

Si vous voulez que votre voix porte dans le bruit du monde et donne envie aux autres de faire un pas dans votre direction, commencez de façon amicale. Vous laisserez une première impression beaucoup plus durable que n'importe quel provocateur doué pour capter l'attention.

Il y a bien longtemps, alors que Dale Carnegie n'était encore qu'un enfant courant pieds nus à travers les

---

1. Citation attribuée à saint Basile d'Ancyre.

bois vers son école du Missouri, il lut une fable sur le soleil et le vent. Elle ne cessa jamais de lui rappeler la puissance de ce principe pour obtenir la confiance des autres.

Le soleil et le vent se disputaient pour savoir qui était le plus fort. Le vent dit : « Je vais te prouver que c'est moi. Tu vois ce vieillard, là-bas ? Je parie que je vais lui faire ôter son manteau plus vite que tu ne le pourrais. » Le soleil disparut alors derrière un nuage et le vent se mit à souffler en bourrasques. Mais plus il soufflait, plus l'homme s'emmitouflait dans son manteau.

Finalement, le vent se lassa et tomba. Alors le soleil reparut et sourit doucement au vieil homme. Bientôt, celui-ci sentit sa chaleur, s'essuya le front et ôta son manteau. Le soleil fit alors observer au vent que la douceur et l'amabilité sont toujours plus fortes que la violence et la force.

Voilà une morale opportune à une époque qui semble distribuer les récompenses au tableau d'honneur de l'esbroufe, du vacarme et de la précipitation. Ces distinctions n'ont pas beaucoup de sens dans la durée, car l'engagement, unique source de longévité, doit se renouveler sans cesse dans la confiance et l'intérêt mutuels. Si vous ne construisez pas dès le départ des bases solides pour l'une comme pour l'autre en étant aimable, chaque jour qui passe les mettra en péril. Attendez trop longtemps ou attirez trop souvent l'attention de manière superficielle, et vous vous retrouverez à devoir convaincre l'autre de vous suivre. Or la place du mendiant n'est jamais bonne à tenir.

« L'engagement doit être sincère pour porter ses fruits, écrit Vaynerchuk. [...] Ne sous-estimez pas la capacité des gens à repérer à des kilomètres une stratégie mécanique et sans âme. Cela explique en grande partie l'échec cuisant de tant d'entreprises qui ont trempé un pied dans les eaux des médias sociaux[1]. »

Pour se faire des amis, il faut commencer par se montrer amical.

---

1. Gary Vanynerchuk, « Building a Business in the "Thank You Economy" », *op. cit.*

5

Cherchez les affinités

J'aime. Ami. Suivre. Partager.

À l'ère numérique, on se trouve souvent des affinités avant même de s'être rencontrés. À l'époque de Carnegie, amitié et affinités allaient de pair. On se rencontrait. On discutait. On se découvrait des points communs qui nous rapprochaient et ce terreau évoluait en une relation d'amitié plus profonde. Aujourd'hui, des gens que vous n'avez jamais croisés vous suivent sur Twitter, appartiennent au même groupe sur Facebook ou « aiment » votre dernière vidéo sur YouTube.

En exprimant ainsi dans le détail ce qui nous plaît et nous déplaît, on s'autorise mutuellement à sceller des pactes ou à figer des désaccords sur la seule base de nos affinités. Nous avons des similitudes et des divergences, et le plus souvent nous gravitons autour de ceux avec qui nous partageons le plus de points communs. Voilà qui peut représenter un formidable tremplin pour construire des liens solides et vecteurs d'influence.

Il ne s'agit pas de visualisation positive. Vous aurez beau penser à vous faire des tas d'amis auprès de qui vous aurez une grande influence, vous n'obtiendrez pas beaucoup de résultats si vous n'entreprenez rien d'authentique pour construire ces relations. Il s'agit de ce que John C. Maxwell appelle «la loi du magnétisme». «Les vrais leaders sont toujours à l'affût de personnes de qualité», écrit-il.

> «Réfléchissez. Savez-vous de qui vous avez besoin en ce moment? À quoi ressembleraient des employés parfaits? Quelles seraient leurs qualités? Est-ce que vous voulez qu'ils soient agressifs et audacieux? Est-ce que vous recherchez des leaders? Leur âge a-t-il une importance: la vingtaine, la quarantaine, la soixantaine? [...] Et maintenant, de quoi dépend votre capacité à attirer les personnes que vous souhaitez, avec les qualités désirées? La réponse va peut-être vous surprendre. Croyez-le ou non, cela ne dépend pas de ce que vous *voulez*, mais de ce que vous *êtes*[1]. »

Ce qui se ressemble s'assemble – les caractères comme les points communs. Notre époque nous permet toutefois de prendre une longueur d'avance. On peut établir des affinités avec une personne avant même de l'aborder. Les goûts partagés sont une porte ouverte sur l'influence. Quand quelqu'un s'inscrit à un groupe Facebook dont vous êtes membre ou s'abonne à votre blog, il vous dit « oui ». Cela vous met dans une position de force extraordinaire si vous voulez avoir de l'influence sur lui.

---

1. John C. Maxwell, *The 21 Irrefutable Laws of Leadership, op. cit.*

Quand une personne dit « non » en le pensant réellement, une réaction en chaîne physiologique se produit
qui met tout son être sur la défensive, prêt à s'enfuir.
Au contraire, quand la personne dit « oui », elle prend
une attitude réceptive, souple ; elle est prête à aller plus
loin. Par conséquent, plus vous obtiendrez de « oui » au
début d'une interaction, même s'ils ne concernent pas
l'ultime objet de la discussion, plus vous réussirez à
mettre votre interlocuteur dans une humeur favorable
à votre proposition.

Il est tellement plus facile d'obtenir un « oui » lorsque
l'on commence par un « oui ».

Nous en avons une occasion évidente en établissant
le dialogue sur un terrain d'entente. Avec toutes les
opportunités actuelles de nous connecter aux gens
qui s'intéressent à ce que nous sommes et à ce que
nous avons à dire, il y a peu d'excuses pour commencer une relation, ou même une conversation, sur
le mauvais pied.

Plus encore, les groupes ont le pouvoir d'amener
leurs membres à dire « oui » par la seule influence de
la communauté. Microsoft l'a bien compris en sortant
Windows 7.

Le lancement de Windows Vista avait porté un coup au
géant de l'informatique : ce système d'exploitation avait
connu des déboires dans le monde entier. Mais avec
Windows 7, Microsoft était prêt à se lancer à nouveau
dans la bataille, ayant tiré les leçons du passé. Il fallait
d'emblée convaincre le marché. Il fallait l'amener à
dire « oui ». Avant tout, Windows 7 devait trouver ses

fans qui influenceraient ensuite la communauté des utilisateurs de PC.

Josh Bernoff et Ted Schadler ont étudié la stratégie mise en œuvre par Microsoft pour se relancer. Pour contrer les habiles publicités d'Apple qui jouaient sur l'opposition Mac/PC, décrivant ce dernier comme peu performant et ringard – un ordinateur pour comptables –, Microsoft demanda directement aux utilisateurs de PC de poster leurs vidéos «Moi, je suis PC» sur une chaîne de YouTube. Le montage des vidéos constitua une première étape marquante d'une campagne promotionnelle construite sur l'approbation des utilisateurs. Certains d'entre eux testèrent ensuite une version bêta de Windows 7. Leurs retours alimentèrent les blogs, Twitter, Facebook, les forums de discussion et autres communautés en ligne. Pour le lancement officiel, Microsoft diffusa les meilleurs retours sur son site, sa page Facebook et ailleurs, créant une campagne de publicité centrée sur l'utilisateur devenu en partie concepteur de Windows 7, puisque le système d'exploitation intégrait ses suggestions. Le slogan : «Moi, je suis PC, et Windows 7, c'était mon idée.»

Mieux encore, Microsoft proposa à ses fans de fêter la sortie de Windows 7 et de partager l'événement. Cette opportunité leur procura le sentiment d'être importants.

> « Si vous étiez un fan de Windows 7, vous pouviez vous inscrire pour organiser une soirée de présentation chez vous – Microsoft vous envoyait alors le kit approprié. [...] La nouvelle se répandit sur les réseaux sociaux et, bientôt, des dizaines de milliers de personnes dans quatorze pays avaient rempli le

formulaire d'inscription. Microsoft estime qu'environ huit cent mille personnes ont participé à ces soirées[1]. »

Étant donné la déception créée par Windows Vista, les utilisateurs de PC auraient pu dire « non » à Windows 7 dès le départ, mais Microsoft les a amenés à dire « oui ». Débuter par un « oui » permet d'établir un premier niveau d'affinité. Mais pour la transformer en influence, l'empathie est indispensable. Il faut être capable d'adopter le point de vue de l'autre dans l'échange, afin de percevoir la véritable valeur de nos points d'affinité.

Au lieu d'utiliser les médias sociaux en notre faveur pour obtenir un « oui » et maintenir cette implication nécessaire, nous négligeons souvent ce que veulent les autres et les bombardons de discours commerciaux. Au lieu de les amener à dire « Oui ! Oui ! », nous les acculons à crier « Stop ! Stop ! ». C'est ce que Chris Brogan, expert des médias sociaux, appelle une communication « blizzard », par opposition à l'« averse de neige » :

> « Les conversations et les relations humaines se fondent sur de multiples contacts. Dans une pratique traditionnelle du marketing et de la communication, chaque contact est mis à profit pour formuler une demande, inciter à faire quelque chose. Ce n'est pas comme ça que ça marche sur les réseaux sociaux. Ils ne sont pas là pour vendre à votre place. Ils sont là pour vous permettre de toucher une personne qui a choisi d'entrer en relation avec vous. [...] C'est comme une averse de neige.

---

1. Josh Bernoff et Ted Schadler, *Empowered*, Harvard Business School Press, 2010.

Pris individuellement, chaque flocon ne représente pas grand-chose, mais l'ensemble peut tout changer[1]. »

Dans votre communication, vous devez offrir aux autres ce qu'ils souhaitent si vous voulez obtenir et maintenir leur approbation. C'est alors, seulement, que vous établirez le niveau de confiance suffisant pour déployer en toute sérénité votre discours commercial, qu'il concerne un produit, un service ou une cause.

Bien sûr, ce principe est tout aussi valable en dehors du monde virtuel. Une entreprise de presse avait pour politique d'offrir un exemplaire de remplacement à tout abonné signalant que son journal avait été abîmé par les intempéries. Mais, au fil du temps, cette pratique était devenue trop onéreuse en raison de la hausse du prix de l'essence et de la baisse du nombre d'abonnés. Cette entreprise décida donc d'y mettre un terme et en informa ses fidèles lecteurs par un courrier qui se voulait très obligeant. Il commençait ainsi :

> « Cher abonné,
>
> Nous ne vous livrerons plus d'exemplaire de remplacement dans le cas où votre journal aurait été abîmé par les intempéries. »

Le courrier expliquait ensuite les raisons de cette décision, avant de se terminer par cette phrase :

---

1. Chris Brogan, «The Snowfall of Communication », 4 février 2011, www.chrisbrogan.com/thesnowfall

« Si toutefois vous recevez un journal en mauvais état, n'hésitez pas à nous contacter et nous déduirons le prix de cet exemplaire sur votre prochaine facture. »

Il est probable que cette lettre ait d'emblée énervé ses destinataires et que ceux-ci n'aient même pas remarqué qu'on leur proposait une solution alternative – peut-être plus intéressante, d'ailleurs.

Imaginons maintenant que l'entreprise ait tourné son courrier ainsi :

> « Cher abonné,
>
> Nous savons à quel point il est agaçant de recevoir un journal endommagé par les intempéries. *(Ah ça, oui !)* Vous avez payé pour un produit et un service irréprochables. *(Oui, en effet !)* En conséquence, nous vous rembourserons désormais tout exemplaire en mauvais état. *(Ah oui ? Super !)*
>
> Notre activité n'a pas été épargnée par l'augmentation du prix de l'essence, que vous subissez également. C'est pourquoi nous ne pourrons plus remplacer les journaux abîmés. Il vous suffira de nous appeler pour en obtenir le remboursement. *(Bon, d'accord.)* »

Au minimum, les abonnés auraient accueilli la décision de l'entreprise d'un œil beaucoup plus favorable.

Aujourd'hui, il existe deux types d'accords. Le premier est le plus classique : c'est celui entre deux parties qui ont le même avis sur un sujet donné. Cela suppose qu'elles s'en soient rendu compte au cours d'une discussion. Pour la plupart d'entre nous, seul ce type d'accord compte. Il y en a pourtant un autre tout aussi important, et qui était bien plus improbable au temps de Carnegie : c'est celui entre deux parties qui aiment la même chose – ou, si l'on veut, entre deux personnes qui se ressemblent. Le terme d'«accord» peut paraître étonnant mais, à l'ère numérique, nous avons tout intérêt à penser comme tel ce genre d'affinité, parce que l'on est toujours attiré par ceux avec qui nous avons quelque chose en commun. Une nouvelle manière d'amener les autres à dire «oui» est d'établir des affinités dès le départ. Plus vous obtiendrez d'approbations précoces, plus vous parviendrez à faire approuver vos idées, vos solutions, votre offre. Cherchez les affinités aussi tôt et aussi souvent que possible.

6

Ne revendiquez pas le mérite
de vos actions

Un Australien ayant participé aux formations Dale Carnegie a livré le témoignage suivant, qui illustre bien ce qui peut arriver si l'on néglige ce sixième principe.

« Mon associé et moi dirigions l'une des plus grandes chaînes de magasins d'informatique et télécoms de Brisbane. Nous avions huit points de vente, une soixantaine d'employés et un chiffre d'affaires annuel de plus de 10 millions de dollars. Malgré tout le travail de mon associé et son caractère plutôt agréable, je pensais que le succès de notre entreprise me revenait à moi seul. Il n'y avait qu'une manière de gérer la boîte, c'était la mienne. Chaque fois qu'une dispute entre nous menaçait, je m'y engouffrais tête baissée et tentais de l'emporter, quel que soit le prix. Je n'ai jamais entamé nos réunions de manière amicale et je lui ai souvent mal parlé. Je n'ai jamais pris en compte ce qu'il pouvait ressentir et je me demandais même pourquoi il n'était pas comme moi.

Au bout du compte, j'ai réussi à m'imposer dans toutes nos discussions, mais j'ai perdu mon associé, et ensuite mon entreprise. Après avoir appris ce principe, j'ai commencé à réfléchir à tout ça et je comprends aujourd'hui à quel point je me suis trompé. Je me dis souvent que si on me l'avait enseigné plus tôt, ma vie professionnelle aurait été bien différente. Je sais que je n'ai pas le pouvoir de changer le passé, mais je peux essayer de ne pas répéter mes erreurs. »

Aujourd'hui, c'est un autre homme. « Je me renseigne toujours sur les objectifs de mes associés avant de fixer les miens, écrit-il. Ensuite, je me demande ce que je peux faire pour les aider à atteindre leur but. »

Cela n'a rien d'étonnant de vouloir s'arroger le crédit des succès auxquels on a contribué, mais ce n'est pas en le revendiquant que l'on se fera des amis. Au contraire, rien de tel pour diminuer notre influence.

Quel est le pire défaut d'un leader ? Demandez à ceux qui le suivent : ils vous diront que c'est de s'attribuer le mérite en cas de succès et de rejeter la responsabilité sur les autres en cas d'échec. Une attitude qui envoie un message on ne peut plus clair : « Il n'y a que moi qui compte. » Et c'est le genre de message qui fait fuir les gens.

Qui voudrait d'un ami qui ne penserait qu'à lui ? Qui voudrait d'un chef qui ne reconnaîtrait pas la valeur de son travail ? La réponse est évidente.

Elle l'est également si l'on pose les questions inverses : qui veut un ami qui ne se met jamais en avant ? Qui veut un chef qui reconnaît pleinement la valeur de son travail ? « Laisser le crédit aux autres donne un pouvoir magique », écrit August Turak, entrepreneur et consultant.

« Cela fonctionne aussi bien dans la vie privée que dans la vie professionnelle. Mais pour que la magie opère, il faut éprouver une reconnaissance sincère. Sans cela, ce n'est qu'un artifice manipulateur qui se retournera contre nous. […] Cela n'a rien de sorcier, c'est du bon sens. Alors pourquoi le mérite est-il plus souvent volé que partagé ? En général, parce que nous avons peur. Nous sommes terrifiés à l'idée de ne jamais récolter les fruits de notre geste désintéressé[1]. »

Ce qui devrait nous effrayer, au contraire, c'est de devenir quelqu'un qui a peur de partager les fruits du succès. Dans son article, Turak évoque une homélie qui l'a beaucoup marqué :

« Le lac de Tibériade regorge de poissons, commença le prêtre. La mer Morte, elle, est dépourvue de vie. Tous deux sont pourtant alimentés par les eaux scintillantes du Jourdain, alors pourquoi une telle différence ? Le lac de Tibériade laisse s'en aller les eaux du fleuve tandis que la mer Morte les retient. Comme la mer Morte, si nous gardons pour nous tout ce qui est bon et sain, nous ferons de nos vies une étendue saumâtre de larmes amères. »

On ne peut laisser le mérite aux autres par fausse modestie, dans l'intention inavouée d'attirer les projecteurs à soi. Ce serait une forme de syndrome du martyr. Le principe de ce chapitre repose au contraire sur la conviction inébranlable que l'on est une bien meilleure personne lorsque les gens qui nous entourent savent qu'ils jouent un rôle important non seulement dans les succès collectifs, mais dans notre propre réussite.

---

1. August Turak, « Giving Away Credit ; Is It Worth It ? », Forbes.com, 8 novembre 2010, www.forbes.com/sites/augustturak/2010/11/08/giving-away-credit-is-it-worth-it

Regardez n'importe quelle cérémonie de remise de prix et vous verrez cette dynamique en action. Qu'attend-on d'un gagnant ? Qu'il fasse un discours. Et qu'est-ce qu'un discours, dans ce genre d'événement, sinon une série de remerciements adressés à tous ceux qui ont contribué au succès du gagnant ? Certains argueront que ce sont des laïus formatés, mais les visages des intéressés racontent une tout autre histoire.

Quand les caméras se tournent vers eux, on voit leurs sourires radieux et parfois même leurs larmes de joie : ils partagent le succès et témoignent à leur tour de leur gratitude.

Ce n'est peut-être pas un hasard si Greer Garson, l'actrice qui détient le record du plus long discours de l'histoire des Oscars (cinq minutes trente), est aussi celle qui compte le plus de nominations consécutives pour l'Oscar de la Meilleure actrice (cinq), à égalité avec Bette Davis. Se pourrait-il que toute cette gratitude soit pour quelque chose dans son immense succès ?

On dit souvent que, pour réussir, il faut s'entourer de gens qui réussissent. Ce n'est pas faux, mais vous pouvez le comprendre de deux manières : soit vous essayez de devenir amis avec des personnes qui ont déjà réussi, soit vous essayez de contribuer au succès de personnes qui sont déjà vos amies. Quelle que soit la voie que vous choisirez, une chose est sûre : votre succès sera toujours proportionnel au nombre de personnes qui souhaiteront vous voir réussir. Et l'une des deux voies permet d'en rallier davantage.

Si vous cherchez à vous lier à des personnes qui ont réussi, rien ne vous garantit que votre succès leur importe. Vous pourriez même avoir à les convaincre que vous n'êtes pas un profiteur. En revanche, si vous cherchez à contribuer au succès de vos amis, vous pouvez être certain qu'ils voudront vous voir réussir. Abandonner le mérite aux autres est un art de vivre que l'on cultive parce qu'on leur est reconnaissant pour ce qu'ils sont et pour ce qu'ils nous apportent. Ce n'est rien de plus que d'accorder la priorité aux succès et aux progrès des autres – et de placer sa confiance en soi-même et dans le pouvoir de la réciprocité.

La confiance en soi, Mark Twain l'avait, à n'en pas douter. Croyait-il au pouvoir de la réciprocité ? En tout cas, Henry Irving n'aurait pas pu lui reprocher de ne pas avoir au moins essayé. Une conversation entre l'écrivain et l'acteur a donné lieu à une anecdote amusante, qui démontre parfaitement ce principe.
Henry Irving était en train de raconter une histoire à Mark Twain. « Tu ne la connais pas, n'est-ce pas ? », s'assura-t-il après le préambule. Twain lui répondit que non. Un peu plus tard, Irving s'arrêta à nouveau pour lui poser la même question. Twain confirma sa réponse. Juste avant le point culminant de l'histoire, Irving s'interrompit une troisième fois : « Tu es vraiment sûr que tu ne la connais pas ? »
C'en était trop pour Mark Twain.
« Je peux mentir deux fois par politesse, mais j'ai mes limites. Je ne saurais mentir trois fois, à aucun prix.

Non seulement je connais cette histoire, mais c'est moi qui l'ai inventée[1]. »

De lui-même, Twain n'aurait pas relevé l'ironie de la situation. Était-ce important à ses yeux que ce soit son histoire ? Non. Elle faisait le miel de la conversation et cela lui convenait. Il finit par craquer – qui pourrait lui en vouloir ? – mais cette anecdote l'illustre bien : peu importe qui récolte le mérite d'un résultat dès lors que ce résultat bénéficie à toutes les parties impliquées.

La réciprocité, un mot que nous avons déjà utilisé, est inhérente à ce principe. On ne donne pas afin de recevoir, au sens d'une transaction. On donne afin de renforcer des liens – et, ce faisant, on sait que l'on en récoltera les fruits. La réciprocité dérive naturellement d'une relation dans laquelle deux personnes partagent leurs joies et leurs peines. Les vrais amis cherchent toujours à se rendre ce qu'ils reçoivent. Que se passerait-il si cet état d'esprit se répandait au sein d'une entreprise, d'un segment de marché ou même d'une chaîne de valeur tout entière ?

Deux certitudes : chacun serait beaucoup plus heureux et les chances de succès augmenteraient, car la coopération entre les gens irait de soi. Aujourd'hui plus que jamais, nous avons le pouvoir de diffuser cet esprit de réciprocité.

Qui a eu cette idée, qui a parlé le premier, qui a pris le risque avant les autres... À long terme, les gens ne se souviennent pas de ce genre de choses, à part

---

1. Clifton Fadiman et André Bernard, *Bartlett's Book of Anecdotes*, *op. cit.*

la personne concernée. Ce qu'ils retiennent, c'est la grandeur d'âme. Par un intéressant paradoxe, moins vous revendiquez le mérite de vos actions, plus on se souvient de vous et plus, au bout du compte, vous en retirez de crédit.

« Ce que j'aimerais vraiment, a déclaré un jour Ronald Reagan, c'est entrer dans l'histoire comme le président qui a permis aux Américains de croire à nouveau en eux-mêmes. » Cette seule phrase en dit long sur le caractère de l'homme. Il était là pour faire gagner les autres. La grandeur et le succès de son peuple étaient au centre de ses ambitions politiques.

C'est peut-être la maxime qu'il avait affichée dans le Bureau ovale qui le résume le mieux : « Il n'y a aucune limite à ce qu'un individu peut accomplir s'il ne se préoccupe pas de savoir qui en retirera le mérite[1]. »

C'est très souvent le cas des personnes qui exercent une grande influence. Elles poursuivent une vocation qui transcende les motivations politiciennes ou carriéristes qui étouffent les autres. Reagan a balayé d'un trait d'esprit les commentaires sur son bilan en disant qu'il ne serait pas là pour entendre ce que les historiens diraient de lui. C'est ce qui lui a valu l'estime de tant de ses concitoyens, en tant qu'homme et en tant que leader. Il voulait le meilleur pour son pays et il s'employa à le réaliser par des méthodes qui n'avaient rien de conventionnel. Voilà à quoi l'on reconnaît ceux

---

1. Richard Norton Smith, « The Reagan Revelation : At 100, Why He Still Matters », *op. cit.*

qui veulent élever les autres sans se mettre en avant : ils ont un tempérament original et comprennent que le succès n'a rien à voir avec les feux de la rampe et les honneurs. C'est une affaire de partenariats et de progrès.

7

Faites preuve d'empathie

Nous avons déjà évoqué la débâcle autour du match parfait volé à Armando Galarraga à cause d'une énorme erreur d'arbitrage. Si vous avez l'occasion de regarder la scène sur Internet, vous verrez l'expression de Galarraga passer de l'exaltation à la stupéfaction en quelques secondes. Les vivats des spectateurs laissent place à un silence consterné, puis aux huées et aux insultes.
Pour un lanceur, accomplir un match parfait est un exploit exceptionnel. La déconvenue vécue par Galarraga fut d'autant plus rageante qu'il n'avait rien d'une star du base-ball promise à une telle prouesse : c'était un joueur moyen, avec des hauts et des bas. C'était peut-être là son unique occasion de culminer dans son sport, et on l'en a privé. Qui lui en aurait voulu de s'en prendre à l'arbitre et de réclamer justice ? Après le match, Jim Joyce lui-même reconnut qu'à la place du lanceur il aurait été hors de lui.
Mais cette histoire revêt encore une autre dimension.
La réaction de Galarraga a davantage marqué les esprits que le vol du match parfait et les excuses de

Joyce. Face à l'injustice qui le frappait, il a ébloui le monde entier.

Dans une interview accordée à la chaîne ESPN après le match, Galarraga expliqua que, sur le moment, il ne savait pas s'il y avait eu erreur d'arbitrage ou non. Il avait consacré toute son attention à attraper la balle assez tôt pour obtenir un « out » : peut-être le joueur adverse avait-il posé le pied sur la base, comme l'avait jugé Joyce. Il était à la fois déçu et énervé mais, dans un moment aussi intense, il ne pouvait que s'en remettre à l'arbitre. Toutefois, en visionnant la séquence dans les vestiaires, il comprit tout de suite qu'il avait été floué. Ce qui ne l'empêcha pas de répondre à l'arbitre venu lui présenter des excuses : « Personne n'est parfait. » Il avait vu que Joyce était mortifié et il avait le choix : soit l'enfoncer davantage, soit se mettre à sa place. Face au repentir exprimé par l'arbitre, Galarraga décida de lui tendre la main. Sa compassion n'était pas feinte. Sa déception était aussi sincère que son empathie. Tout au long de cette interview, il répondit aux questions et commenta la situation avec la plus grande élégance. Il ne chercha pas à donner de l'arbitre l'image d'un homme médiocre. Il fit preuve d'humilité et de distance, les deux mères de l'empathie.

À une époque où tant de gens se mettent en avant et veulent tirer profit des relations humaines, nous prenons rarement le temps de nous demander ce que l'autre peut ressentir dans une situation donnée.

Dans le monde du sport, personne n'en aurait voulu à Galarraga de clouer l'arbitre au pilori sur une chaîne de télévision nationale. Qui aurait osé dire quoi que ce soit s'il avait profité de l'audience qui lui était accordée pour détruire la réputation de Joyce?

Ce n'est pourtant pas ce que fit Galarraga. Il évoqua au contraire le malaise qui devait être celui de Joyce et reconnut que personne n'était parfait. Si une telle réaction nous paraît si extraordinaire, c'est qu'elle est rare. Et il est intéressant de noter que le jeune lanceur a davantage marqué l'histoire du sport par cet épilogue que si le match parfait lui avait été accordé.

Ceux qui parviennent à mobiliser les autres d'une manière aussi remarquable sont sur la bonne voie pour exercer une réelle influence. Face à une personne, demandez-vous toujours: «Si j'étais à sa place, qu'est-ce que je ressentirais? Comment réagirais-je?»

«Vous ne participez vraiment à une conversation que lorsque vous montrez à l'autre que vous considérez ses idées et ses sentiments comme étant aussi importants que les vôtres», a écrit Gerald S. Nirenberg[1].

Les leaders de ce monde sont souvent décriés. La critique est facile, l'art est difficile, comme dit le proverbe. On entend plus rarement dire: «Cela doit être une pression énorme d'avoir le poids de tout un pays sur les épaules. Vous devez vous réveiller la nuit en vous demandant si vous avez pris la bonne décision ou prononcé le bon discours à la télévision.»

Si vous prenez le temps de considérer le point de vue de l'autre, vous concevrez plus facilement ce qu'il peut

---

1. Gerald S. Nirenberg, *Getting Through to People*, Prentice Hall, 1963.

ressentir et penser. Vous serez en mesure de lui dire en toute sincérité : « Je comprends très bien votre attitude et, si j'étais vous, j'aurais probablement la même. » Cette phrase, si rare de nos jours, arrêtera net votre interlocuteur, retiendra tout de suite son attention et le rendra beaucoup plus ouvert à vos idées. La plupart des gens veulent simplement qu'on les écoute et qu'on prête une oreille compatissante à leurs malheurs, quels qu'ils soient. Si vous pouvez faire cela pour quelqu'un, vous lui offrirez un cadeau qui illuminera sa journée, sa semaine et peut-être même davantage.

Il y a bien des années, un participant aux formations Dale Carnegie raconta comment la gentillesse qu'une infirmière lui avait témoignée lorsqu'il était enfant l'avait marqué à jamais. Martin Ginsberg avait grandi dans la pauvreté. Son père était mort très jeune et sa mère vivait des aides sociales. Un jour de Thanksgiving, il se trouvait seul à l'hôpital dans l'attente d'une opération de chirurgie orthopédique. Sa mère travaillait et ne pouvait rester à son chevet. Le jeune garçon se sentait terriblement seul. Il enfouit sa tête sous l'oreiller et se mit à pleurer.

Une jeune infirmière l'entendit sangloter et s'approcha de lui. Elle s'assit sur le lit, lui découvrit le visage et essuya ses larmes. Elle lui confia qu'elle aussi se sentait seule. Elle était de service toute la journée et ne pourrait fêter Thanksgiving avec les siens. Elle proposa alors au jeune Martin de déjeuner avec lui.

Il accepta.

L'infirmière alla chercher deux plateaux repas à la cafétéria. Ils discutèrent longuement tous les deux, et alors qu'elle était censée terminer sa journée à 16 heures, elle resta avec lui jusqu'à ce qu'il s'endorme, à 23 heures. « Il ne s'est pas passé un seul Thanksgiving sans que je pense à celui-là, témoigna Ginsberg, à mes sentiments de frustration, de peur et de solitude qui s'étaient évanouis devant la chaleur et la tendresse d'une inconnue. » Aujourd'hui, nous avons peu d'excuses de ne pas comprendre ou d'ignorer le point de vue des autres. La plupart des gens sont en quête d'attention ou d'une oreille compatissante et livrent quantités de détails sur leur vie. En prenant le temps de vous renseigner, vous éviterez les suppositions gratuites sur leur compte. Si une personne a une quelconque importance à vos yeux, chaque seconde passée à tenter de mieux comprendre son point de vue est une seconde bien utilisée.

L'empathie n'est pas une qualité naturelle, aussi devons-nous la travailler. La manière dont nous réagissons à une situation donnée dépend de nombreux facteurs : notre éducation, nos croyances, notre statut social, notre expérience professionnelle. Tout cela et bien plus se mêle à nos émotions et construit notre rapport aux autres. Mais si nous laissons ce qui nous touche vraiment imprégner notre perception des autres, nous avancerons sur un terrain plus propice à l'influence, où nos mots auront un réel impact.

Nous gagnerions tous en stature et en assurance si nous apprenions à exalter notre humanité commune. Imaginez les barrières personnelles que vous pourriez faire tomber au travail, dans votre foyer ou parmi vos amis, si vous parveniez toujours à réagir aux erreurs ou aux conflits avec bienveillance. Comment ces personnes se comporteraient-elles avec vous en retour ? Quelle image aurait-on de vous ?

Souvenez-vous, l'empathie n'est pas une technique que l'on met à profit pour élargir son réseau ; c'est un accès direct à toute la richesse des relations humaines. C'est Galarraga qui renonce à son droit de fustiger Jim Joyce et de ternir son nom dans l'esprit de tous les amateurs de sport du monde entier. Tel est le pouvoir incontestable d'une approche compréhensive et conciliante.

8

Faites appel aux sentiments élevés

Nous aspirons tous à la transcendance – participer à quelque chose de plus grand que nous-mêmes, apporter un peu de sens à ce monde et à ses habitants, entendre dire de nous que nous nous sommes élevés, que nous avons résisté, que nous avons fait ce qui était juste, honnête et bon. Les petits garçons s'imaginent en vaillants guerriers ou en princes héroïques de leurs royaumes chimériques. Les petites filles se rêvent en brillantes jeunes filles ou en fascinantes princesses plongées au cœur d'une grande aventure. Au fond, c'est en partie pour les mêmes raisons que vous tenez ce livre entre vos mains.

Les qualités relationnelles et l'efficacité profession-nelle sont au cœur de cet ouvrage, mais si elles sont si importantes, c'est bien parce que nous rêvons de nous distinguer des autres. En faisant appel à cette noble motivation chez ceux que vous souhaitez influencer, vous pouvez en retirer de précieux bénéfices. Et c'est sans doute plus simple que vous ne l'imaginez.

Le jour où le magnat de la presse anglaise lord Northcliffe découvrit dans un journal un portrait de lui qui lui déplaisait, il écrivit une lettre au rédacteur en chef. Il ne lui dit pas : « Je vous prie de ne jamais publier à nouveau cette photographie ; elle ne me plaît pas. » Il fit appel à un sentiment plus élevé : l'amour et le respect que chacun porte à sa mère. Il demanda au rédacteur en chef de ne plus publier cette photo, tout simplement parce que sa mère ne l'aimait pas.

John D. Rockefeller s'y prit de même lorsqu'il voulut empêcher les journalistes de photographier ses enfants. Il ne dit pas : « Je ne veux pas que des photos d'eux soient publiées. » Il fit vibrer une corde sensible en chacun de nous : le désir de protéger l'enfance. Il dit : « Vous savez ce que c'est, les gars. Vous avez des enfants, vous aussi. Et vous savez bien que ce n'est pas très bon pour les jeunes, toute cette publicité… »

Une telle approche ne se limite pas à faire appel aux sentiments élevés : elle confère à la personne elle-même une certaine noblesse. Elle lui envoie le message suivant : « Vous êtes capable d'agir de manière juste et respectable. » C'est un compliment subtil qui revient au fond à dire : « Je crois en vous. » Et ces mots ont le pouvoir d'amener une personne à se mettre en action, comme l'a appris Sarah, diplômée d'une formation Dale Carnegie.

Elle organisait avec un ami un voyage en Autriche et en Allemagne pour un groupe de dix personnes. Ils contactèrent une compagnie de cars pour réserver une sortie à Europa Park, dans la ville allemande de Rust, au départ de l'Autriche. On leur proposa un devis de 965 euros, qu'ils acceptèrent et confirmèrent par courriel. Une semaine avant la date prévue, Sarah reçut un courriel d'un certain Peter qui lui demandait des précisions sur la sortie planifiée par le groupe. Souhaitaient-ils se rendre à Rust en Autriche, ce qui leur coûterait 965 euros, ou à Rust en Allemagne, ce qui coûterait alors 1 889 euros ? Naturellement, ce changement soudain de prix exaspéra Sarah, mais elle disposait de trop peu de temps pour contacter un autre prestataire et obtenir un meilleur tarif. Elle était face à un dilemme. Devait-elle inonder Peter de courriels incendiaires ou y avait-il un autre moyen de régler le problème ?

Sarah estima qu'elle n'obtiendrait pas grand-chose de Peter à coups de reproches. Il valait mieux choisir une autre approche : elle décida d'en appeler aux sentiments élevés de son interlocuteur.

Sur un ton très calme, elle répondit au courriel en demandant s'il y avait deux parcs d'attractions du nom d'Europa Park dans deux villes différentes du nom de Rust. Peter répondit que non.

Sarah lui envoya alors une copie du devis initial, expliquant qu'elle avait bien précisé dans sa demande que le groupe voulait aller à Europa Park, à Rust, en Allemagne, et que, étant donné sa réponse, il ne pouvait y avoir de confusion. Puis elle conclut : « Je vous saurais gré de m'expliquer la raison de ce changement de tarif. Je suis sûre qu'une entreprise respectable comme la vôtre honore ses engagements et attache la plus haute importance à demeurer crédible auprès de ses clients. »

Le lendemain, Peter présenta ses excuses à Sarah, expliquant qu'il y avait eu un malentendu de leur côté et que leur devis initial tenait toujours.

Sarah est parvenue à régler le problème sans aucune conséquence financière ni émotionnelle, en faisant appel aux motivations les plus nobles de Peter et de son entreprise.

Il est rare que nous ayons conscience de ces désirs élevés lorsque nous sommes enfants, mais à l'âge adulte nous les voyons chez nos enfants et nous les sentons vibrer en nous quand nous regardons des films comme *Le Discours d'un roi*, *Gladiator* ou *Les Quatre Filles du docteur March*. Nous aimerions tous que l'héroïsme imprègne notre quotidien d'une manière ou d'une autre. «Et si ces désirs profondément ancrés dans nos cœurs nous disaient la vérité en nous révélant la vie que nous étions censés vivre[1]?» écrit John Eldredge, auteur de plusieurs livres et ancien conseiller conjugal et familial. Peu de gens le nieront, il y a en chacun de nous quelque chose de noble et pur.

Idéalistes dans l'âme, nous préférons tous nous présenter sous notre meilleur jour et mettre en avant des motivations honorables. Si nous donnons aux autres l'opportunité d'agir de même, si nous supposons qu'ils ne sont ni égoïstes ni malhonnêtes, nous leur offrons la possibilité de nous répondre avec d'autant plus de dignité. Nous leur offrons l'occasion de nous prouver leur intégrité.

---

1. John Eldredge, *Wild at Heart*, Nashville, Thomas Nelson, 2001.

Aujourd'hui, les publicitaires savent parfaitement utiliser ce principe. Regardez les campagnes pour les produits verts, celle de Dove pour la «beauté réelle» et d'autres encore qui donnent une image valorisante des motivations de l'acheteur ou de l'entreprise. Les associations emploient elles aussi cette méthode, profitant des médias sociaux pour acquérir une large audience. Cela fonctionne parce que la plupart des gens réagissent favorablement dès lors que vous leur montrez que vous les tenez pour des personnes honnêtes, généreuses et justes.

Un matin, en lisant les journaux, David Batstone, professeur de management à l'université de San Francisco, découvrit que l'un de ses restaurants préférés exploitait des travailleurs sans papiers. L'article détaillait les conditions de vie atroces de ces immigrés illégaux réduits au silence par crainte d'une expulsion.

Cette histoire bouleversa David Batstone et déclencha en lui le désir de s'investir contre l'esclavage moderne, notamment aux États-Unis. C'est ainsi qu'il créa l'association «Not for Sale» («Pas à vendre»). Quand on l'entend parler de son combat, on a tout de suite envie de s'engager à ses côtés. C'est précisément ce qu'il souhaite : il sait que le sujet touchera tout le monde. L'idée même que, de nos jours, des êtres humains puissent être traités comme des esclaves est révoltante et donne envie de se lever pour agir.

En 2010, David Batstone et son équipe ont lancé une initiative appelée «Free2Work» («Libre de travailler»), aujourd'hui proposée sous forme d'application pour smartphones : vous scannez un produit dans un magasin et l'application vous renvoie une notation de l'entreprise qui l'a fabriqué. Par exemple, si vous voulez acheter une chemise de la marque Patagonia, vous recevrez une note prenant en compte sa politique de commerce équitable et ses pratiques vis-à-vis de ses salariés et de ses sous-traitants à l'étranger.

Cette application fait monter d'un cran la responsabilité des entreprises et des consommateurs. On ne peut plus dire que l'on ne savait pas que l'entreprise dont on achète les produits emploie de la main-d'œuvre illégale ou manque de transparence en matière de sous-traitance. Sur un plan plus profond, cette application fait directement appel aux motivations les plus élevées des entreprises en question. Quand on les tient pour responsables de leurs décisions commerciales et que l'on attend d'elles un comportement exemplaire, les entreprises ont tendance à s'y conformer. Elles acceptent que les consommateurs se préoccupent davantage des conditions dans lesquelles sont fabriqués les produits et du bien-être des salariés.

En sollicitant les sentiments les plus nobles des consommateurs et des entreprises, Free2Work cherche à provoquer un changement culturel positif. Comment faire appel aux sentiments élevés de ses collaborateurs et de ses distributeurs de manière à promouvoir une nouvelle philosophie dans un domaine d'activité particulier ?

C'est une question importante à se poser aujourd'hui. La clé pour se développer avec succès et exercer une influence positive sur son marché et au-delà est ce qu'Amy Martin, spécialiste des réseaux sociaux, appelle « le souci de l'humain ». Sa réaction en apprenant la catastrophe qui a frappé le Japon en mars 2011 illustre bien la force du principe qui consiste à faire appel aux sentiments élevés[1]. Elle souligne aussi, par contraste, qu'il n'est pas sans conséquences de le négliger.

Ce soir-là, Amy Martin parcourait les mises à jour des fils Twitter sur son iPad tout en faisant un peu d'exercice sur son vélo elliptique. Soudain, la nouvelle du tremblement de terre au Japon et du tsunami qui s'ensuivit envahit la twittosphère. Elle alluma alors la télévision et découvrit sur CNN les images de véhicules emportés par les flots, tandis que les gens tentaient désespérément de fuir la vague qui déferlait. « Je ne savais pas quoi faire, écrit-elle sur son blog, mais il fallait que je leur apporte mon aide d'une manière ou d'une autre. » Elle se mit à trier les tweets les plus pertinents et décida de les faire suivre à ses nombreux abonnés, à qui elle demanda de lui envoyer toute information utile qu'elle pourrait relayer. Elle s'y consacra pendant quatre heures : « Cela n'avait rien à voir avec du marketing ou de la publicité. Des gens se réunissaient de manière virtuelle pour s'entraider. C'était le souci de l'humain. »

Toutefois, une différence criante lui sauta aux yeux au cours de cette soirée : les grandes chaînes de télévision semblaient paralysées par l'Audimat. Certaines chaînes

---

1. Amy Jo Martin, « The Business of Humanity », The Digital Royalty, www.thedigitalroyalty.com/2011/the-business-of-humanity. Reproduit avec l'autorisation de l'auteur.

d'information alternaient entre des images de l'actualité dramatique et le dernier film à l'affiche.

« J'étais atterrée, écrit-elle. À mon avis, si ces chaînes d'information se soucient le moins du monde de l'image qu'elles renvoient au public, elles devraient faire preuve d'un peu plus de discernement et se mobiliser davantage pour les vies à sauver que pour Hollywood. [...] Parfois, il faut savoir reléguer [Hollywood] au second plan et se concentrer sur les sujets importants. »

Amy Martin souligne ici un point que l'on oublie facilement : les nombreux médias sociaux auxquels nous avons accès sont avant tout des outils de communication destinés à rapprocher les gens. « Ils n'ont pas été inventés pour vendre », note-t-elle.

Le sentiment exprimé par Amy Martin sur son blog a trouvé un écho important, et beaucoup de ceux qui la suivaient ont apprécié son appel aux motivations élevées non seulement des grandes chaînes d'information, mais de tous ceux qui pouvaient apporter leur aide aux victimes du tsunami. Ce soir-là, elle n'avait rien à vendre. Mais il n'est pas étonnant que plus de 1,3 million de personnes la suivent sur Twitter et que de nombreuses entreprises et célébrités de premier plan fassent appel à ses services pour leur communication virtuelle. Amy Martin sait très bien qu'on ne peut faire des affaires à l'heure numérique sans avoir dans le même temps le souci de l'humain.

Nous nous contentons trop souvent de relier les autres à notre univers virtuel et de brasser ces contacts comme de simples marchandises, jusqu'à ce que nous soyons prêts à engager un quelconque échange. Une telle approche abolit la grandeur de notre humanité commune. Les relations humaines sont alors réduites au rang de moyen d'échange, au lieu d'être une voie de transcendance.

Pour entrer vraiment en relation avec quelqu'un, vous devez exalter sa dignité d'être humain. Ce faisant, vous exalterez la vôtre. Faites appel aux sentiments élevés et vous déplacerez des montagnes – et vous avec.

9

Ouvrez-vous aux autres

Ouvrir un commerce de glace chez les Inuits ? Vendre de l'eau de mer à un dauphin ? Convaincre les gens de porter du coton ? Aujourd'hui, le dernier de ces défis n'a rien d'une gageure. Beaucoup de vos vêtements, si ce n'est la plupart, sont sûrement en coton. Mais dans les années 1970, cela n'aurait sans doute pas été le cas. La mode était au polyester et autres matières synthétiques moulantes qui ne se froissaient pas et résistaient aux taches. Résultat : la part de marché du coton s'effondra à environ 33 %[1].

Le secteur décida de riposter. Pour rendre le coton à nouveau désirable, ils réagirent comme n'importe quel autre secteur l'aurait fait : les entreprises se regroupèrent, firent appel à des agences de publicité et relancèrent leurs produits.

Le slogan choisi pour sauver le secteur ? « Le coton : le tissu de nos vies ». Plusieurs célébrités l'entonnèrent,

1. Jennifer Collins, « Making Cotton "the Fabric of Our Lives" », NPR, 15 novembre 2010.

dont la célèbre journaliste Barbara Walters, qui déclara en chemise hawaïenne face à la caméra : « Grâce au coton, aujourd'hui, ma vie est plus confortable. »

Les entreprises du secteur décidèrent ensemble que la meilleure stratégie pour convaincre les consommateurs était de donner une dimension personnelle à ce qu'ils vendaient. Le coton n'était pas une fibre blanche et duveteuse que l'on tisse pour fabriquer des vêtements ; il devenait une belle histoire qui donne plus de sens à la vie. Aujourd'hui, le coton représente environ deux tiers du marché[1].

Les gens ne veulent pas qu'on les traite comme des marchandises, et ils veulent encore moins penser que leur vie est banale. Ils ont au contraire le désir d'être importants et la meilleure manière de le leur montrer est de leur donner l'occasion de se lancer dans une aventure qui les dépasse. Les individus et les entreprises qui comprennent ce principe deviennent imbattables.

Chaque année, le magazine *Fortune* publie un classement des entreprises les plus admirées dans le monde. En 2011, Apple est arrivée en tête pour la quatrième année consécutive. Il faut chercher une partie de son secret dans l'une des plus célèbres publicités télévisées de l'histoire.

Apple a dévoilé son tout premier Macintosh en 1984, pendant le Super Bowl. La publicité visait à mettre en exergue la créativité du nouvel ordinateur en le démarquant du conformisme des masses (incarné par IBM,

---

1. *Ibid.*

selon Apple). On y voyait une jeune femme blonde et athlétique arriver en courant au milieu d'une assemblée d'hommes-machines vêtus de gris, et balancer une lourde masse sur un écran géant, détruisant un personnage qui avait tout du Big Brother d'Orwell. Une nouvelle ère s'annonçait. On ne pouvait plus se permettre de traiter les gens comme des numéros : désormais, il fallait prendre en compte l'individu.

Le succès d'Apple n'est pas la seule preuve de la pertinence de ce concept.

Blake Mycoskie a lancé la marque TOMS à la suite d'une prise de conscience fondatrice. Lors d'un voyage en Argentine, il remarqua que les enfants ne portaient pas de chaussures. Et s'ils n'en avaient pas, c'est que beaucoup d'autres choses devaient leur manquer... Il décida alors de créer une entreprise où, pour chaque paire de chaussures vendue, une paire serait offerte à un enfant dans le besoin.

La première année, il eut le plaisir d'offrir dix mille paires de chaussures. Aujourd'hui, ce nombre dépasse le million. Mais l'histoire ne s'arrête pas là. Un après-midi, dans un aéroport, Mycoskie remarqua une jeune fille qui portait l'un de ses modèles. Il la questionna sur ses chaussures, sans révéler son identité. La jeune fille lui raconta la saga de la marque TOMS avec tant de précision qu'il n'aurait lui-même rien eu à ajouter. C'est à ce moment-là qu'il réalisa que «le contenu de la boîte est loin d'être aussi important que ce qu'il représente». Aujourd'hui, TOMS n'est plus seulement une marque de chaussures : l'entreprise a décliné son concept «un pour un» à d'autres produits, qui répondent à d'autres besoins dans les pays pauvres.

«TOMS a non seulement retenu l'attention de grands médias, à commencer par *Vogue*, *Time* et *People*, mais aussi attiré de prestigieux partenaires, explique Valeria Maltoni, conseillère en stratégie, sur son blog. Ralph Lauren, qui ne s'était associé avec personne depuis quarante ans, a signé avec TOMS pour sa collection Rugby. L'agence de communication d'AT&T a raconté dans une publicité la "véritable histoire" de Blake utilisant son réseau mobile pour garder le contact et travailler quand il n'est pas au bureau.»

Maltoni souligne la pertinence de ce principe en concluant son analyse du succès de TOMS : «Les gens se souviennent. Et quand le message que vous portez s'apparente à une mission, ils raconteront votre histoire à tous ceux qui voudront bien l'écouter – même à un inconnu dans un aéroport. Ils deviennent alors les meilleurs ambassadeurs de votre produit[1].»

Si les grandes aventures sont enthousiasmantes, les expériences personnelles peuvent être intimidantes. C'est une chose de brandir une cause, un traitement ou un produit; c'en est une autre de s'exposer soi-même. En avril 2003, l'écrivain David Kuo rentrait en voiture d'une soirée avec sa femme. Il se réveilla aux urgences et apprit qu'il avait une tumeur au cerveau qui ne lui laissait sans doute plus que quelques mois à vivre.

---

1. «Buy One, Give One Free : TOMS Shoes», Conversation Agent, www.conversationagent.com/2011/03/buy-one-give-one-free-toms-shoes.html

À 3 heures du matin, en ce dimanche des Rameaux, David et sa femme Kim durent prendre une décision : qu'allaient-ils dire à leurs proches ? Que voulaient-ils révéler de leur histoire ?

Ils résistèrent à leur première impulsion de la garder pour eux et Kim appela quelques amis pour leur annoncer la nouvelle. Elle leur demanda d'en parler autour d'eux afin que tout le monde puisse prier pour son mari. Quelques heures plus tard, une page leur était consacrée sur CaringBridge.org, un site associatif où les personnes gravement malades peuvent donner de leurs nouvelles, exprimer leurs besoins et recevoir toute forme de soutien. Dans les semaines et les mois qui suivirent, les Kuo décidèrent que plus ils partageraient d'informations, plus ils pourraient aider de gens – ils savaient qu'ils étaient loin d'être seuls dans leur combat contre le cancer. Cette décision changea leur vie. Ils jetèrent un autre regard sur ce qui leur arrivait : leur histoire s'intégrait à quelque chose de beaucoup plus grand qu'eux. Cela leur permit d'échanger avec d'autres personnes confrontées aux mêmes problèmes qu'eux.

Le premier conseil qu'ils donneraient à chacun ? Partagez ce que vous vivez.

C'est également ce qu'a appris Ann M. Baker, de Seattle, qui a participé à une formation Dale Carnegie :

> « La plupart des gens protègent leur vie privée, tout comme moi. Lorsque j'ai eu un cancer du sein traité par chimiothérapie et radiothérapie, je ne voulais pas partager mes inquiétudes et mes souffrances. Mais quand la nouvelle s'est répandue dans mon entourage familial et amical, et auprès de mes collègues,

j'ai été submergée de messages d'encouragements. Des connaissances de ma famille que je n'avais jamais rencontrées m'ont même écrit pour partager leur propre expérience de la maladie. Elles m'ont laissé leur numéro de téléphone et m'ont ensuite envoyé des cartes de bon rétablissement.

Ces extraordinaires témoignages de courage et d'amour m'ont donné la force de me battre et ont changé ma vie. [...] Grâce à tous ces messages, je sais que personne ne veut ni ne mérite de traverser une telle épreuve seul. Parce que la vie, ce n'est pas "je". C'est "nous". »

Amy Martin a informé les 1,3 million de personnes qui la suivent sur Twitter qu'elle s'apprêtait à subir une opération laser des yeux et qu'elle allait en diffuser la vidéo sur son blog, pour tous ceux qui envisageaient ce type d'intervention. Elle a joué la transparence et cela a payé. Elle a non seulement retrouvé une excellente acuité visuelle, mais expérimenté une nouvelle manière de s'ouvrir aux autres grâce aux réseaux sociaux. Elle cite en exemple un ami qui a diffusé la vidéo de son mariage en direct et un client qui utilise le streaming pour suivre les matchs de football de son fils lorsqu'il est en déplacement professionnel.

« À part le sport, les loisirs et le marketing, quels peuvent être les autres usages de la vidéo en direct sur Internet ? s'interroge-t-elle. Allons-nous l'adopter pour des applications pratiques au quotidien ? Quid des mariages, des remises de diplômes, des réunions de clubs, des cérémonies religieuses, des anniversaires, du coaching, des cours de cuisine, des naissances ou même des enterrements ? Les opportunités sont illimitées, pour peu que l'on veuille s'en saisir[1]. »

Le quotidien de la plupart des gens n'a bien souvent rien d'exaltant. L'ère numérique offre pourtant de nombreuses occasions de les toucher et de resserrer nos liens avec eux en leur donnant à voir qui nous sommes vraiment ou ce que nos entreprises s'efforcent d'être. Il n'est pas compliqué de prévoir une vidéo au lieu de présenter des tableaux. Il n'est pas compliqué de concevoir un site Internet dynamique pour accompagner le lancement d'une entreprise ou d'une organisation. Il n'est pas non plus compliqué d'utiliser la vidéoconférence au lieu d'appeler les gens, ni de peaufiner une présentation convaincante au lieu de se contenter de leur délivrer une information. Mais aujourd'hui, tout cela fait déjà partie des attentes communes.

Si vous voulez vraiment marquer les esprits, vous devez choisir une approche insolite. Dépassez les frontières de vos outils informatiques et faites quelque chose que les gens ne voient pas tous les jours. Utilisez votre imagination et tous les moyens disponibles pour rendre vos idées vivantes, intéressantes, impressionnantes. Si vous partagez vos expériences, les autres partageront les leurs et, ensemble, vous façonnerez une histoire nouvelle et qui vous dépasse.

Il est de plus en plus fréquent de mêler vie privée et vie professionnelle – et cela contribue efficacement à

---

1. Amy Jo Martin, « Live Streaming. Ah, the Possibilities... », The Digital Royalty, 7 mars 2011, www.thedigitalroyalty.com/2011/live-streaming-ah-the-possibilities

bâtir des relations d'influence, lorsque la démarche est authentique. Bien sûr, certaines limites devront toujours exister, mais beaucoup de barrières historiques sont tombées parce que la plupart des gens ont réalisé que c'est la profondeur d'une relation qui fait le succès de toute interaction, à court et à long terme. Plus un collègue, un ami ou un client partage votre aventure, plus vous pourrez accomplir de choses ensemble.

Si votre aventure est aussi la nôtre, nous serons tous aussi impatients d'en connaître la prochaine étape.

10

Lancez un défi

Lorsque l'on évoque les meilleurs joueurs de l'histoire de la NBA, le plus souvent deux noms se détachent : Larry Bird et Earvin « Magic » Johnson.

Pris individuellement, ce sont deux des plus grands artistes des terrains de basket, des passeurs hors pair qui avaient un sens du jeu exceptionnel et des marqueurs quasiment inégalés. Ils étaient fiers de leurs performances en défense comme en attaque, et ils s'entraînaient davantage que n'importe lequel de leurs coéquipiers.

Leurs noms ont marqué le basket pendant toute une décennie. Magic a battu Larry lors du championnat NCAA de 1979, puis lors du championnat NBA de 1984. Larry a battu Magic en 1985 mais a dû à nouveau s'incliner contre lui en 1987.

Pendant une bonne partie de leur carrière, ils ne furent pas les meilleurs amis du monde. Pourtant, ils ont toujours eu l'un pour l'autre un immense respect. Puis, en 1991, Magic fut contraint d'abandonner le basket professionnel, ayant contracté le virus du sida. Au lendemain de cette annonce, Larry Bird s'entraîna pour un match de compétition. Il s'étira le dos, trottina dans les couloirs du stade pour se détendre, tira quelques paniers de ses positions habituelles sur le terrain… et, pour la première fois de sa vie, il n'eut aucun désir de jouer. Son rival, avec qui il avait fini par se lier d'amitié, avait tiré sa révérence. Magic avait été l'un des artisans majeurs de ce qu'était devenu Bird.

Quelques mois plus tard, lors de la cérémonie donnée en son honneur, Magic déclara: «Je tiens à remercier Larry Bird, grâce à qui j'ai donné le meilleur de moi-même. Sans toi, je n'aurais jamais pu atteindre le top niveau[1].» Certains semblent penser que «compétition» est un gros mot. Il n'en est rien. La compétition est l'une des réalités les plus indiscutables de la nature. Si nous avons besoin d'affection pour nous développer, nous avons besoin de compétition pour nous donner le goût d'avancer.

«Le fer s'aiguise par le fer, l'homme s'affine en face de son prochain», dit le roi Salomon dans la Bible[2].

Le bruit du fer aiguisant le fer est à peu près aussi agréable que celui d'un ongle crissant sur un tableau noir. Mais le roi Salomon a bien compris que le meilleur moyen d'obtenir le meilleur de soi-même et des autres est le défi et la confrontation. Une vie de confort et

---

1. Larry Bird et Earvin Johnson Jr., *When the Game Was Ours*, Boston, Houghton Mifflin Harcourt, 2009.

2. Proverbes, 27: 17.

d'amabilités paraît bien sûr plus paisible et charmante, mais la complaisance, en matière de relations humaines, ne mène à rien.

Au demeurant, un défi n'implique pas forcément du sang, de la sueur et des larmes. En 2010, Coca-Cola a imaginé une campagne marketing qui mettait les gens au défi... de ne pas sourire.

La marque a installé sur un campus un distributeur un peu particulier, qui prodiguait à des étudiants ébahis des bouteilles gratuites et autres surprises telles qu'un bouquet de fleurs, une pizza ou un sandwich. Des caméras ont filmé la scène et le tout a été diffusé sur YouTube. La joie et l'étonnement sincères des étudiants recevant leurs cadeaux ont contaminé les quelque quatre millions de personnes qui ont regardé la vidéo en ligne. Le défi pour ces derniers était de ne pas sourire mais, comme Coca-Cola l'avait espéré, ils furent des millions à manquer de volonté.

On l'oublie facilement à l'ère de Google et d'Apple, mais les premiers temps de l'Internet ont été marqués par la compétition acharnée entre AOL et Microsoft. Cette bataille a accéléré la mise à disposition de services innovants. Chacune de ces entreprises imaginait un monde où la plupart de nos achats se feraient en ligne, où l'on s'informerait sur Internet et où une grande partie de notre vie se passerait sur la Toile.

AOL et Microsoft ne s'appréciaient pas et avaient deux cultures très différentes : l'une était une entreprise orientée client qui évoluait dans le secteur high-tech, l'autre une entreprise high-tech qui faisait du marketing.

AOL témoigna contre Microsoft dans le procès antitrust intenté contre le géant des logiciels. Et pourtant, sans cette compétition entre elles, jamais ces deux entreprises n'auraient connu un tel développement ni un tel succès. Oui, tout le monde doit faire face à des défis, au cours de sa vie. Pour la plupart des gens, ce n'est pas le défi en soi qui compte, mais la manière de le relever.
Ce n'est pas faux.
Certains prennent des coups, s'affaiblissent et abandonnent. Ils se mettent eux-mêmes sur la touche.
D'autres s'élèvent à des sommets. Prenez Teddy Roosevelt, par exemple. Le jeune Teddy était un enfant souffreteux et asthmatique. Il avait souvent du mal à respirer et sa maladie fatiguait son cœur. À douze ans, son père lui lança un défi: «Theodore, tu as la tête mais tu n'as pas les jambes. Et sans les jambes, on ne peut pas espérer aller aussi loin qu'on le voudrait. Il faut que tu sois plus fort. C'est une tâche difficile, mais je sais que tu y arriveras[1]. »
Le jeune garçon fit une moue mi-souriante, mi-renfrognée, rejeta la tête en arrière et répondit entre ses dents: « Je vais le faire[2]. »
Au cours de l'année suivante, il s'astreignit à pratiquer sans relâche des exercices physiques. Et à mesure que sa force augmentait, son ambition suivait le même chemin. Il plongea dans des rivières glacées et escalada

---

1. Edmund Morris, *The Rise of Theodore Roosevelt*, New York, Random House, 2010.
2. *Ibid.*

sept montagnes, dont une à deux reprises le même jour. C'est à cette période que naquit sa passion pour la nature. Tout le fascinait, des oiseaux aux lichens, et il commença une collection de plusieurs centaines de spécimens aujourd'hui conservés au Roosevelt Museum of Natural History[1].

Sans le défi lancé par son père, que serait-il advenu de ce petit garçon chétif? Ce challenge le changea à jamais. Mais la nature d'un défi est parfois aussi importante que la manière d'y répondre. Il en est qui élèvent et stimulent, quand d'autres découragent et attristent.

En 2010, Shaun King, un pasteur d'Atlanta, voulait récolter des fonds en vue d'ouvrir un orphelinat pour les enfants handicapés d'Haïti. Mais comment y parvenir? Tel était le premier défi. Pour ce genre de projets, l'ère numérique donne plus que jamais matière à exprimer sa créativité. Shaun King désirait toucher le plus large public. Il eut l'idée d'une vente aux enchères soutenue par une célébrité, mais avec une approche originale. Au lieu d'enchérir pour une photo, un autographe ou un dîner avec la star en question, les gens obtiendraient que celle-ci s'abonne à leur compte Twitter et relaye leurs tweets. Il sollicita l'actrice Eva Longoria qui accepta sans hésiter et sut à son tour convaincre d'autres personnalités du showbusiness. C'est ainsi qu'est né TwitChange.

En 2010, plus de 175 célébrités et neuf millions d'abonnés ont ainsi permis de récolter plus de 500 000 dollars. Voilà ce que peut accomplir un défi stimulant à une

---

1. *Ibid.*

époque qui facilite l'accès au plus grand nombre et l'influence mondiale.

Il existe beaucoup de demi-vérités pernicieuses, mais peu sont aussi nocives que celle selon laquelle il faut éviter les conflits pour s'entendre. Ce n'est pas ainsi que l'on mène une vie, que l'on élève des enfants ou que l'on gère une entreprise. Les gens ne veulent pas d'un nivellement par le bas : ils aspirent à être édifiés, et cela passe parfois par des défis.

Comme l'a dit un jour Charles Schwab, le bras droit d'Andrew Carnegie, le roi de l'acier : « Pour obtenir des résultats, stimulez la compétition. » Dans une compétition, on s'efforce de gagner parce que la victoire engendre un sentiment de succès et d'importance. Et quand il s'agit de remporter une victoire collective – pour un pays, une entreprise, une cause ou une réalisation –, on a encore plus envie de gagner car la compétition nous force alors à nous rassembler autour de ce que nous avons en commun. L'esprit de camaraderie en arrive à compter davantage que le résultat lui-même. Cherchez, dans votre sphère d'influence, un terrain d'affinité susceptible de donner lieu à une compétition dont l'intérêt irait au-delà du seul résultat – quelque chose qui implique des liens d'amitié durables et imprime un changement positif. Si vous voulez aider une personne à évoluer, lancez un défi qui vous implique tous deux. Si vous vous mouillez pour les autres, les autres se mouilleront pour vous.

QUATRIÈME PARTIE

HUIT MOYENS D'AMENER LE CHANGEMENT SANS IRRITER NI OFFENSER

1

Commencez par une note positive

D'après une célèbre citation du chef d'entreprise américain Max DePree, « la première responsabilité d'un leader consiste à définir la réalité. La dernière, à dire merci. Entre les deux, le leader est un serviteur[1] ». On a souvent tendance à en conclure qu'il faut commencer par les remarques désagréables, comme si c'était dans l'intérêt du leader de se débarrasser tout de suite des mauvaises nouvelles. Mais c'est loin d'être le cas, surtout à une époque où les mauvaises nouvelles se répandent à la vitesse de la lumière.

Si une relation est tendue ou même déplorable, que ce soit entre une entreprise et ses clients ou entre deux personnes, vous n'arrangerez guère les choses en entamant le dialogue sur une note négative. Cela installe d'emblée une atmosphère morose et désagréable, comme au théâtre le premier acte d'une tragédie. Les épaules s'affaissent, les mines se décomposent et les

---

1. Max DePree, *Leadership Is an Art*, New York, Doubleday Business, 1989.

cœurs se serrent. Imaginez que ce résultat se répande comme un virus et contamine toutes les strates d'une organisation, la chaîne de valeur d'une entreprise ou un pays tout entier. Vous devrez d'emblée faire face à une vague de réactions négatives, physiologiques et psychologiques. Et même si vous parvenez à les maîtriser rapidement, pourquoi perdre le peu de temps dont vous disposez à corriger un problème que vous auriez pu éviter?

Entamez plutôt l'échange par une remarque positive, qui soit sincère et authentique; votre interlocuteur n'en sera que plus perméable à vos idées et moins sur la défensive.

Nous sommes nombreux – c'est peu dire! – à nous être heurtés à la résistance d'employés de services clients. Toutefois, après avoir lu *Comment se faire des amis*, Sanjiv Ekbote savait comment gérer une situation délicate[1].

Peu de temps après avoir acheté sa maison, il constata que le robinet de sa baignoire fuyait. Il appela sa compagnie d'assurances, qui dépêcha un jeune technicien sous quatre heures pour résoudre le problème. Celui-ci commença par remplacer la valve de régulation, mais l'eau fuyait davantage encore. Il boucha alors le tuyau, mais la pression fit sauter les joints et l'eau commença à s'infiltrer dans les murs.

---

1. Sanjiv Ekbote, « Dale Carnegie Lession 1 : Begin with Praise and Honest Appreciation », BookClub, 22 août 2005, http://omnikron.typepad.com/bookclub/2005/08/sanjiv_ekbote_d.html

Exaspéré, Sanjiv rappela la compagnie d'assurances afin qu'on lui envoie un technicien plus expérimenté. Il aurait pu ruer dans les brancards et tempêter contre la personne qui décrocha le téléphone, mais il se retint d'exploser. Bien au contraire, il se présenta d'une voix calme puis remercia son interlocutrice d'avoir missionné un technicien aussi rapidement. Il expliqua la situation. La femme se mit alors en quête d'un professionnel plus qualifié, réserva le premier créneau de rendez-vous disponible et précisa que l'intervention ne serait pas facturée.

Aurait-elle montré le même empressement à venir en aide à Sanjiv s'il avait réagi différemment ?

C'est une technique plutôt simple mais plus difficile à appliquer qu'il n'y paraît. Penchons-nous sur la citation de Max DePree pour en comprendre la raison. La connotation du mot « réalité » dans la plupart des expressions est au cœur de la mauvaise interprétation que l'on peut en faire. On dit souvent qu'il faut « regarder la réalité en face », qu'untel aurait bien besoin « d'une dose de réalité » comme s'il s'agissait d'un médicament difficile à avaler, qu'il faut « revenir à la réalité », quitter notre monde idéal pour retomber sur terre...

La réalité est-elle vraiment une pilule amère, ou du moins cette donnée de base on ne peut plus pragmatique ? Sans doute pas, mais cette façon de voir est profondément ancrée en nous, surtout lorsque nous nous sentons agressés. C'est un lointain héritage de notre passé de chasseurs-cueilleurs, qui nous dicte aujourd'hui encore d'être très vigilants face aux événements exceptionnels qui se déroulent autour de nous, et qui sont en général négatifs. Notre survie dépend de cette aptitude – ou du moins elle en dépendait. À travers de nombreuses études, les neuroscientifiques ont montré que « les menaces retiennent davantage notre attention que la perspective d'un événement agréable. Notre cerveau est beaucoup plus sensible aux signaux négatifs qu'aux signaux positifs », comme l'écrit Ray Williams, coach en leadership[1]. Nous mémorisons également mieux les événements négatifs, ou du moins nos souvenirs tendent à les privilégier.

Malheureusement, les études ont montré que cette caractéristique ne se limite pas aux faits : elle concerne également l'impression que nous laissent nos semblables. Nous avons ainsi tendance à accentuer les traits de caractère ou les attitudes que nous jugeons négatifs, surtout d'un point de vue moral[2].

Face à quelqu'un que nous voulons influencer, nous sommes souvent énervés pas son attitude. Notre cerveau se fixe sur toute posture négative, ce qui biaise notre perception de la réalité, d'où le positif est évincé. Il n'est donc pas surprenant que, dans notre manière de communiquer, nous ne puissions nous empêcher

---

1. Ray B. Williams, « Why We Love Bad News », PsychologyToday.com, 30 décembre 2010.

2. L'étude du processus de formation des impressions s'est développée dans les années 1950. L'importance que nous accordons aux caractéristiques négatives était autrefois jugée très prédominante. Les recherches les plus récentes ont relativisé ce poids, mais elles confirment que les comportements ou traits de caractère jugés négatifs ont un plus grand impact sur l'impression que nous laissent les gens.

d'être obsédés par les problèmes – c'est-à-dire par les critiques, du point de vue de notre interlocuteur.

Le cerveau de ce dernier n'est guère différent du nôtre : les messages négatifs que nous lui envoyons retiennent toute son attention. Cela condamne toute possibilité de trouver une issue constructive à la conversation. Vous avez certainement déjà vécu cela : le visage se ferme, les expressions se crispent et seul le regard laisse deviner la tempête qui gronde à l'intérieur, bloquant tout dialogue. Pour un leader, ne pas s'efforcer d'éviter ce drame, c'est se tirer une balle dans le pied. Dans une étude, devenue un classique, concernant l'impact d'un feed-back positif ou négatif sur la performance, Shrauger et Rosenberg ont mis en évidence que la performance d'un individu diminue en cas de feed-back d'échec[1]. Toutefois, l'effet est moindre si cet individu a une bonne estime de soi. Quoi qu'il en soit, un effet secondaire de la critique négative est de discréditer la validité du feed-back : on n'en tient pas compte, aussi a-t-il peu d'effet sur le comportement, si ce n'est de le dénigrer.

Pourquoi courir le risque ? Pourquoi ne pas limiter dès le départ ces impacts sur la performance et l'attitude ? Dans un article sur le leadership des enseignants, Trent Lorcher, professeur de basket, a expliqué comment il avait géré une défaite décevante de son équipe : « Nous avons perdu un match important à cause de

---

1. J. Sidney Shrauger et Saul E. Rosenberg, « Self-Esteem and the Effects of Success and Failure Feedback on Perfomance », *Journal of Personality*, 38, 3 (1970) : 404-17.

plusieurs lancers francs ratés. Mon premier réflexe a été d'engueuler mes joueurs, mais je me suis retenu. Au contraire, je les ai félicités d'avoir été agressifs et d'être toujours allés de l'avant. Ensuite, on a fait une heure d'entraînement aux lancers francs. Ils s'en voulaient déjà d'avoir perdu. Ils ont bien réagi aux encouragements[1]. »

Dans son dernier livre, Robert Sutton, professeur de management et spécialiste en psychologie des organisations, relate un témoignage que lui a rapporté un ancien officier de l'armée américaine. La plupart de ses supérieurs hiérarchiques étaient des crétins – mauvais, désobligeants et mesquins. Mais le commandant de son bataillon était différent.

> « Il m'est arrivé à plusieurs reprises de sortir du rang et il m'a tout de suite recadré et donné des conseils sur mon comportement. Il ne m'a pas hurlé dessus ni rabaissé, mais j'ai compris le message et je m'en suis voulu de le décevoir. Il m'a rendu meilleur et j'aime à penser que je prends exemple sur lui, en traitant les gens de manière correcte[2]. »

Nous pouvons dépasser nos instincts en prenant conscience des tendances de fond qui nous animent et en apprenant à focaliser notre attention sur ce qui est positif. Il ne s'agit pas simplement de pratiquer la pensée positive, mais de nous habituer à reconnaître

---

1. Trent Lorcher, « Leadership Principles for Teachers », Bright Hub, 31 mai 2009.
2. Robert Sutton, *Good Boss, Bad Boss*, New York, Business Plus, 2010.

que nos perceptions ne collent pas toujours à la réalité, d'analyser nos préjugés et de les remettre en question jusqu'à nous forger une image plus globale de la situation. Nous pouvons entraîner nos neurones miroirs – cette catégorie de neurones, découverte il y a une vingtaine d'années, qui nous permet de comprendre les actions des autres, d'interpréter leurs intentions et de prévoir ce qu'ils pourraient faire – à intégrer les comportements positifs et ce qu'ils révèlent des individus que nous avons en face de nous.

Cet effort est essentiel si nous voulons formuler une appréciation sincère à quelqu'un. Il faut, pour amorcer l'échange, trouver un vrai point positif qui va faire écho chez notre interlocuteur. Selon Robert Sutton, les meilleurs managers prennent le temps de découvrir la manière de penser et d'agir de chacun de leurs collaborateurs. Cela n'est pas facile. Souvent, en raison de leur fonction même, les dirigeants sont exclus des situations quotidiennes les plus révélatrices des ressorts psychologiques d'un individu. Mais une telle démarche est payante en termes d'influence et de leadership.

En reconnaissant la valeur d'une personne au sein de l'organisation, on installe un climat positif propice à une communication ouverte.

Bien sûr, il faut bien à un moment ou un autre aborder les sujets qui fâchent. C'est peut-être pire encore d'atténuer ou de nier les problèmes que de les aborder d'emblée. C'est «l'effet MUM», décrit au début des années 1970 par deux psychologues, Sidney Rosen et Abraham Tesser: les individus sont réticents à annoncer de mauvaises nouvelles parce qu'ils ne veulent pas devenir la cible des émotions négatives des autres[1]. Nous avons tous l'opportunité d'impulser le changement, mais cela requiert souvent le courage de communiquer à nos supérieurs des informations qui ne leur font pas plaisir. Personne n'a envie de se retrouver dans la situation de l'innocent émissaire qui tombe sous le feu des critiques. L'instinct de survie l'emporte souvent sur le courage, et la réalité d'une situation déplaisante finit par se dissoudre en une bouillie édulcorée. « L'effet MUM et les filtres qui en découlent peuvent avoir des effets dévastateurs dans le cas d'une organisation pyramidale, écrit Sutton. La mauvaise nouvelle initiale devient de moins en moins mauvaise à mesure qu'elle remonte dans la hiérarchie, parce que chaque manager intermédiaire, ayant reçu l'information de ses subordonnés, la transmet à l'échelon supérieur en l'atténuant un peu[2]. »

Commencer sur une note positive et maîtriser ses émotions peut nous aider à renforcer notre détermination et à assumer les responsabilités avec confiance lorsque les autres sont défaillants. Les dirigeants qui adoptent cette attitude courent moins le risque d'être surpris par des catastrophes qu'ils auraient dû voir arriver depuis longtemps.

Andrés Navarro, le fondateur de Sonda, une entreprise du secteur IT qui opère en Amérique latine, a trouvé

---

1. Sidney Rosen et Abraham Tesser, « On Reluctance to Communicate Undesirable Information : The MUM Effect », *Sociometry* 33, 3, septembre 1970.

2. Robert Sutton, « The MUM Effect and Filtering in Organizations : The "Shoot the Messenger" Problem », PsychologyToday.com, 5 juin 2010.

la manière d'institutionnaliser cette approche : « Nous tentons de critiquer le moins possible en suivant la règle du 3 + 1 : dans notre entreprise, si vous voulez exprimer une critique, ne dites rien mais notez-la. » Ensuite, vous devez trouver au minimum trois éléments positifs sur la personne en question avant d'émettre une critique visant à modifier son attitude[1].

Comment alors entamer une discussion au cours de laquelle des sujets désagréables doivent être abordés ? Chacun sait qu'il est toujours plus facile d'entendre des reproches après des compliments. Toutefois, ce principe est vidé de son sens si la louange est artificielle ou si l'enchaînement entre félicitations et critiques est trop abrupt. Pour l'éviter, respectez ces trois règles :

- Votre compliment doit être sincère et authentique, et pas seulement une manière de vous donner le temps de formuler vos critiques.

- Vous devez être capable, dans votre discours, de passer d'un point à un autre de manière naturelle.

- Après cette entrée en matière positive, prodiguez des conseils constructifs plutôt que des critiques.

Cette façon d'aborder un problème peut se révéler particulièrement délicate à l'écrit. Sans la souplesse d'une conversation, qui offre de nombreuses occasions de passer d'un sujet au suivant, la personne à qui l'on

---

1. Dale Carnegie, *Comment trouver le leader en vous*, Le Livre de Poche, 1995.

s'adresse aura peut-être la désagréable impression qu'on a voulu lui « passer de la pommade ». En cas de sérieux contentieux, mieux vaut privilégier le face-à-face. Beaucoup de gens expriment leurs critiques en commençant par des éloges sincères suivis d'un « mais » qui annonce les reproches. Cela peut faire douter de la sincérité des compliments. Enchaînez plutôt par un « et », et trouvez une formule constructive. C'est peut-être le moyen le plus efficace d'aborder un problème par écrit sans avoir l'air hypocrite.

Commencer par des compliments et une note positive vous aidera à rendre vos collaborateurs plus productifs, vos commerciaux plus impliqués, vos amis et votre famille plus ouverts à votre point de vue. Un état d'esprit positif place toujours les échanges sur une voie constructive.

2

Reconnaissez vos erreurs

Beth était cadre de haut niveau dans une entreprise du classement *Fortune* 100. Très appréciée par ses supérieurs et son équipe, elle était en conflit ouvert avec Harvey, un collègue responsable d'un autre département. En amour comme à la guerre, tous les coups sont permis, n'est-ce pas ? Telle était en tout cas la devise de Beth, qui se révélait dans cette relation sous son jour le plus vindicatif.

Beth souhaitait toutefois devenir un meilleur leader, aussi sollicita-t-elle les services de Marshall Goldsmith, coach de cadres et dirigeants. Elle apprit alors quelque chose d'essentiel : malgré le respect que lui témoignaient de nombreuses personnes, son attitude envers Harvey nuisait à sa réputation. Il fallait qu'elle négocie la paix avec son collègue et, pour cela, elle devait reconnaître ses erreurs.

C'était peut-être l'une des situations les plus difficiles pour accomplir une telle démarche – celle où vous devez vous amender directement auprès de la personne victime de vos erreurs. Les tensions sont fortes des deux côtés, la concurrence est acharnée, et vous craignez de vous mettre en danger en vous montrant vulnérable. Mais c'est aussi le genre de situation que l'on peut efficacement désamorcer en étant le premier à admettre ses erreurs.

Que dit Beth ?

« Tu sais, Harvey, j'ai un feed-back sur moi, et il y a beaucoup de choses positives. Mais il y en a aussi sur lesquelles je voudrais m'améliorer. Je t'ai manqué de respect, et j'ai aussi manqué de respect à l'entreprise et à sa culture. Je te présente mes excuses. L'attitude que j'ai eue envers toi est impardonnable[1]. »

La réaction de Harvey ? Il fut ému, admit que lui aussi s'était mal comporté et déclara que, tous les deux, ils allaient s'améliorer.

Le simple fait de reconnaître ses erreurs permit à Beth de mettre fin à une guerre amère qui n'avait que trop duré. Ce n'est pas si difficile d'accepter d'entendre parler de ses propres fautes lorsque l'autre commence en confessant humblement qu'il est lui-même loin d'être irréprochable. Reconnaître ses erreurs – même si on ne les a pas corrigées – peut aider à convaincre quelqu'un de changer d'attitude.

Dale Carnegie, ce grand communicant, appliqua lui-même ce principe en écrivant sur ce thème. Il commença le chapitre en question par une anecdote sur ses

---

1. Marshall Goldsmith, *What Got You Here Won't Get You There*, New York, Hyperion, 2007.

échecs en tant que coach et mentor, afin de sensibiliser ses lecteurs à l'idée qu'il allait leur exposer. C'est une stratégie subtile et magistrale – et la preuve que ce principe est déclinable de multiples manières.

La difficulté à laquelle sont confrontés les leaders qui veulent l'appliquer tient essentiellement à une chose : il faut admettre avoir fait des erreurs. Or tout leader a du mal à se reconnaître faillible, même si la plupart comprennent la valeur intrinsèque d'une telle attitude. Quant aux autres, les études sont là pour les éclairer.

Des chercheurs de l'Institute for Health and Human Potential ont en effet étudié les facteurs de progression de carrière sur une population de 35 000 personnes : l'élément le plus fortement corrélé à l'avancement se trouve être le fait de reconnaître ses erreurs[1].

Admettre que l'on a commis une erreur est comme la première étape d'une cure de désintoxication : c'est à la fois la plus dure et la plus importante. Mais si l'on ne prend pas ses responsabilités, comment peut-on apprendre de ses erreurs, en faire un moteur de progrès et convaincre les autres de nous faire confiance ? « Pour quitter le chemin de l'échec, une personne doit d'abord prononcer les quatre mots les plus difficiles à dire : "Je me suis trompé." Elle doit ouvrir les yeux, admettre ses erreurs et accepter l'entière responsabilité de ses mauvaises actions et attitudes[2]. »

---

1. « Leaders Who Admit Mistakes Can Quickly Advance Their Careers », Institute for Health and Human Potential, 21 mai 2010.
2. John Maxwell, *Failing Forward*, Nashville, Thomas Nelson, 2000.

Portia Nelson décrit ce processus de manière imagée dans son poème «Autobiographie en cinq courts chapitres». Nous ne pouvons prendre du recul sur nos problèmes que lorsque nous acceptons la responsabilité de nos erreurs. À partir du moment où nous voyons le lien entre ce que nous sommes et ce que nous faisons, nous commençons à envisager des solutions; alors, seulement, nous pouvons contourner les difficultés et, finalement, choisir un autre chemin plus serein. En d'autres termes, nous apprenons d'abord à résoudre les problèmes, puis à vivre plus harmonieusement[1].

Au-delà de cette édification personnelle, reconnaître nos erreurs bâtit une relation de confiance inestimable avec nos collègues et nos clients, nos amis et notre famille. Comme l'écrit Marshall Goldsmith: «Personne ne nous demande d'avoir tout le temps raison. Mais lorsqu'on se trompe, les autres veulent qu'on le reconnaisse. En ce sens, chaque erreur est une opportunité: celle de montrer quel genre de personne et de leader l'on est. [...] On laisse une impression bien plus forte en admettant ses erreurs qu'en se réjouissant de ses succès[2].»

Parler de nos erreurs nous rend humains et plus accessibles aux yeux des autres. Ils ont l'impression que nous comprenons mieux leur point de vue. Ils deviennent alors plus réceptifs à nos conseils.

---

1. Portia Nelson, *There's a Hole in My Sidewalk*, New York, Atria Books, 1994.
2. Marshall Goldsmith, *What Got You Here Won't Get You There*, *op. cit.*

Ce qui est formidable avec ce principe, c'est que nous commettons tous des erreurs : nous n'avons donc que l'embarras du choix lorsque nous voulons mettre quelqu'un à l'aise. N'oubliez pas, après votre confidence, de délivrer un conseil constructif plutôt qu'une critique directe.

Comment Dale Carnegie a-t-il appliqué ce principe vis-à-vis de sa nièce et assistante, Josephine ? En réfléchissant au manque d'expérience de la jeune fille et à ses erreurs à lui au même âge.

«Tu as fait une erreur, Josephine, lui disait-il lorsque la situation l'exigeait, mais elle n'est pas pire que bien des miennes. Le jugement ne se forme qu'avec l'expérience, et tu es meilleure que je ne l'étais à ton âge. J'ai moi-même commis tant de bêtises que je ne pourrais guère te critiquer, ni qui que ce soit. Cependant, ne crois-tu pas qu'il aurait été plus sage de t'y prendre de telle ou telle manière ? »

En admettant vos erreurs, vous détournez l'attention de votre interlocuteur de ses propres faiblesses ; vous privilégiez une approche en douceur et dissuadez l'autre d'ériger d'emblée ses défenses. Alors, la confiance s'installe naturellement.

3

Faites remarquer les erreurs
de façon discrète

Durant les premiers jours de son mandat à la présidence des États-Unis, Calvin Coolidge vivait encore avec sa famille dans une suite de l'hôtel Willard, à Washington. En se réveillant au petit matin, il eut la surprise de voir un cambrioleur glisser la main dans sa veste et en retirer un portefeuille et une montre à chaîne. « J'aimerais que vous me laissiez cela, dit Coolidge. [...] Je ne parle pas du portefeuille ou de la chaîne, mais de la breloque. Regardez ce qui est gravé au dos. »

Le voleur lut : « À Calvin Coolidge, président de la Chambre des représentants, de la part du Parlement du Massachusetts. »

Coolidge confirma alors son identité au jeune homme interloqué et lui demanda tranquillement pour quelle raison il s'apprêtait à commettre ce vol. Il apprit qu'il avait passé des vacances à Washington avec un ami et qu'ils n'avaient plus d'argent pour payer leur chambre d'hôtel ni leurs billets de train pour retourner à l'université.

Coolidge prit alors 32 dollars dans son portefeuille (qu'il avait récupéré) et les tendit à l'étudiant en lui précisant que c'était un prêt. Puis il lui conseilla de quitter la chambre de manière aussi discrète qu'il y était entré, s'il voulait s'éviter des ennuis avec les services de sécurité[1]. Si vous attirez indirectement l'attention sur les erreurs ou les faux pas, vous obtiendrez de très bons résultats avec des personnes réfractaires aux critiques directes – c'est-à-dire la plupart des gens.

Tout leader dispose d'un formidable moyen d'envoyer un message subtil sur l'attitude qu'il veut voir adopter par les autres : il suffit qu'il l'adopte lui-même. Dans le cas contraire, le message qu'il envoie est on ne peut plus criant : « Je veux que vous vous comportiez de telle manière mais, au fond, ce n'est pas si important. Sinon, je le ferais moi aussi. »

Ce concept est au cœur de la treizième loi du leadership développée par John Maxwell dans son livre[2]. Il l'appelle « la loi de l'image », parce que les gens agissent selon ce qu'ils voient. Maxwell relate l'histoire de Dick Winters, commandant de la Easy Company durant la Seconde Guerre mondiale. Winters considérait que la responsabilité d'un officier était de montrer l'exemple, de mener les combats et de prendre des risques aux côtés de ses hommes.

« L'un des faits d'arme les plus représentatifs du style de commandement de Winters se déroula peu après le

---

1. *Los Angeles Times*, 6 août 1982.
2. John C. Maxwell, *The 21 Irrefutable Laws of Leadership*, *op. cit.*

Débarquement, sur la route de Carentan, une ville que la Easy Company devait reprendre aux Allemands. Alors que les parachutistes de son bataillon approchaient de la ville, les mitrailleuses de l'ennemi se déchaînèrent contre eux. Réfugiés dans les fossés de chaque côté de la route, ils refusèrent d'obéir aux ordres d'avancer. Mais, en restant immobiles, ils finiraient par se faire tuer. Winters tenta de les remobiliser de gré ou de force, courant d'un fossé à l'autre entre les balles. Au bout du compte, il bondit au milieu de la route et cria aux soldats de le suivre. Ils se levèrent tous comme un seul homme et allèrent l'aider à délivrer la ville[1]. »

Il n'est pas toujours possible d'influencer les autres en leur montrant l'exemple, parce qu'on ne se trouve pas physiquement en leur présence ou que l'on n'est pas impliqué dans ce qu'ils font. Comment peser sur leur attitude, dans ce cas ? Les auteurs du livre *Influencer* fournissent de précieux conseils adaptés à ces situations :

- Identifiez, au sein du groupe, de l'équipe, de la famille, ceux qui ont le plus d'influence sur les autres et faites en sorte qu'ils adoptent le comportement que vous souhaitez promouvoir.

- Développez une approche communautaire du comportement visé en en appelant à l'intérêt supérieur. La pression du groupe est très efficace pour amener les individus à modifier leurs idées et leurs actions.

---

1. *Ibid.*

- Mettez en œuvre tout changement dans l'environnement susceptible de favoriser le nouveau comportement ou état d'esprit souhaité[1].

À la fin de la Seconde Guerre mondiale, les soldats rentrés du front se remirent à travailler, supplantant au passage de nombreuses femmes qui avaient pris leur place durant leur absence. Beaucoup d'entre elles choisirent de ne pas rentrer chez elles, ce qui créa une animosité entre les sexes sur le lieu de travail, mais inaugura aussi une nouvelle vision du rôle de la femme dans l'économie américaine.

Les conflits se firent particulièrement ressentir dans le secteur de la restauration. Les vétérans retrouvaient des postes de cuisiniers occupés pendant la guerre par des femmes, rétrogradées au rang de serveuses et donc moins bien payées. Résultat : des relations tendues entre les cuisiniers et les serveuses dans un environnement où une bonne coopération est indispensable. Tout le monde pâtissait de la situation, y compris les clients, dont les commandes tardaient souvent à arriver, quand on ne leur servait pas le plat de la table voisine. Les employés démissionnaient les uns après les autres et les restaurants perdaient leur clientèle.

La National Restaurant Association décida alors de faire appel à William Foote Whyte, professeur à l'université de Chicago, pour résoudre le problème. Il étudia la situation dans plusieurs établissements et observa

---

1. Kerry Patterson, Joseph Grenny, David Maxfield, Ron McMillan et Al Switzler, *Influencer*, New York, McGraw-Hill, 2008.

que les cuisiniers et les serveuses passaient leur temps à s'insulter, s'ignorer et se tirer dans les pattes – au détriment des clients.

« Beaucoup de consultants auraient été tentés de corriger ce climat social délétère par des formations en compétences relationnelles, des exercices pour développer l'esprit d'équipe ou une renégociation salariale. Mais Whyte choisit une autre approche. Selon lui, la meilleure manière de régler le problème était de changer le mode de communication des employés[1]. »

Il fit un test dans un restaurant pilote, recommandant d'utiliser une simple pique de métal sur laquelle les serveuses placeraient les commandes. Les cuisiniers s'organiseraient à leur guise mais devraient s'assurer de servir en priorité les premières commandes.

Les résultats ne se firent pas attendre : moins de conflits, moins de plaintes des clients, et une communication ainsi que des attitudes plus respectueuses de part et d'autre. Parfois, la meilleure manière de corriger un comportement est de ne pas le reprocher directement, mais d'utiliser la situation comme un tremplin pour améliorer la confiance en soi et renforcer les liens. Bob Hoover, célèbre pilote d'essai rompu aux acrobaties aériennes, rentrait chez lui à Los Angeles après une représentation à San Diego. Soudain, à cent mètres du sol, les moteurs de son avion s'arrêtèrent. Ses habiles manœuvres lui permirent de poser l'appareil, sauvant sa vie et celle de ses deux passagers. Mais l'avion était sérieusement endommagé.

---

1. *Ibid.*

Le premier réflexe de Hoover après l'atterrissage forcé fut d'aller examiner le carburant. Comme il le soupçonnait, le réservoir de l'avion, un appareil à hélices de la Seconde Guerre mondiale, avait été rempli avec du kérosène et non de l'essence. De retour à l'aéroport, il demanda à voir le mécanicien qui s'était occupé de son avion. Approchant du jeune homme, il le vit accablé sous le poids de son erreur. Par sa faute, un avion de grande valeur était hors d'usage et trois personnes avaient failli se tuer.

Vous pouvez imaginer l'exaspération de Hoover. Le pilote fier et méticuleux allait sûrement laisser éclater sa colère et accabler le mécanicien de reproches sur sa négligence. Il n'en fit rien et ne le critiqua même pas. Hoover passa au contraire son bras autour des épaules du jeune homme et lui dit: « Je suis convaincu que tu ne referas jamais plus cette erreur. Et pour te le prouver, je tiens à ce que ce soit toi qui t'occupes de mon F-51 demain. »

Les erreurs que nous commettons ont parfois des circonstances atténuantes. Nos échecs professionnels ne sont pas toujours la conséquence de notre incompétence. Des préoccupations familiales ou autres peuvent les expliquer. Un bon leader sait que nul n'est à l'abri d'une erreur ou d'une défaillance ; c'est pourquoi il les considère comme des cas isolés et amendables, non comme une faiblesse fondamentale.

À une époque où les jeunes managers se montrent sceptiques devant le manque d'authenticité de certaines techniques de leadership, mieux vaut affronter les erreurs honnêtement et ne pas y voir autant d'occasions de sanctions. Les jeunes managers seront nombreux à discréditer un chef à la personnalité passive-agressive ou manipulatrice, ce qui les rendra cyniques vis-à-vis de leur mission, voire de leur entreprise. Il est dans votre intérêt de sortir les gens de leur abattement le plus vite possible. Pour cela, faites-leur remarquer leurs erreurs de façon discrète et redonnez-leur confiance en eux.

4

Posez des questions au lieu de donner des ordres directs

Dans l'armée, les ordres font partie du quotidien. On vous en donne et vous êtes censés les respecter à la lettre. Mais, en prenant le commandement de l'USS *Benfold*, un croiseur lance-missiles, le capitaine Michael Abrashoff savait que le défi qui l'attendait ne serait pas aussi simple à relever.

Le *Benfold* était loin d'être le plus prestigieux bâtiment de la marine. L'équipage était renfrogné, le moral des troupes au plus bas et la plupart des marins comptaient les jours avant la quille. Pour compliquer encore la situation, les soldats accueillaient leur nouveau commandant d'un œil sévère et critique, le précédent ne leur ayant pas laissé un bon souvenir.

Mais le capitaine Abrashoff prenait là son premier commandement de navire, et il était bien décidé à réussir. Sa première initiative fut de se familiariser avec l'équipage. « Il ne me fallut pas longtemps pour saisir que ces jeunes hommes étaient intelligents, talentueux et pleins de bonnes idées qui n'aboutissaient souvent à rien faute d'être écoutés par la hiérarchie[1] », écrit-il dans un livre consacré à son expérience à bord du *Benfold*. Le capitaine Abrashoff se promit donc d'écouter ses hommes, mais pas seulement lorsqu'ils décideraient de s'exprimer. Il voulait faire évoluer les mentalités et savait que les idées devaient venir des marins eux-mêmes. Or, quel meilleur moyen de découvrir leurs idées que de les interroger ? Le capitaine Abrashoff s'entretint avec chacun des 310 membres d'équipage, à un rythme de cinq par jour. Qu'apprit-il ?

Qu'ils perdaient beaucoup de temps en tâches ingrates, comme repeindre le navire six fois l'an. Abrashoff fit alors remplacer tous les boulons et écrous en fer qui laissaient des traces de rouille sur le navire et investit dans un revêtement de peinture performant pour certains panneaux extérieurs. Le *Benfold* n'eut plus besoin d'être repeint pendant près de deux ans, ce qui libéra du temps pour des activités à plus grande valeur ajoutée, telles que des formations spécialisées. Il apprit également que beaucoup s'étaient engagés dans la marine afin de payer leurs futures études. Il s'arrangea alors pour faire passer les tests d'admission à l'université sur le *Benfold*, et pour que l'équipage puisse suivre des cours préparatoires à distance. Il apprit encore que beaucoup avaient eu une adolescence difficile mais aussi qu'ils restaient très attachés à leurs familles : il se mit alors à écrire aux parents

---

1. D. Michael Abrashoff, *It's Your Ship*, New York, Business Plus, 2002.

pour les inclure au maximum dans la vie de leurs fils, leur envoyant des cartes d'anniversaire, des lettres de félicitations et d'autres informations importantes. « Je cherchais à faire coïncider nos objectifs, explique-t-il. Ma priorité était de redresser le *Benfold*. Je voulais qu'ils y voient une chance d'exercer leurs talents et de donner du sens à leurs missions. »

Quel résultat les questions du capitaine Abrashoff eurent-elles ? Un moral des troupes en nette hausse, une volonté de se dépasser et l'un des meilleurs classements de la Navy.

Si le capitaine était arrivé en décrétant qu'il voulait redresser la situation et qu'il allait s'y prendre de telle manière, quel aurait été le résultat ? Nous ne le saurons jamais, mais le *Benfold* ne serait sans doute pas devenu un navire aussi performant.

Poser des questions non seulement rend un ordre plus acceptable mais stimule la créativité pour résoudre un problème. Les gens accepteront sans doute plus facilement de suivre une nouvelle voie s'ils ont pris part à sa définition.

Les dirigeants familiaux du groupe Marriott étaient connus pour visiter régulièrement leurs hôtels et s'assurer que tout y était bien géré. Bill Marriott Jr., en particulier, « était toujours sur la brèche, posant des questions dont il écoutait attentivement les réponses », écrit Ed Fuller, PDG de Marriott International Lodging.

« En fait, on lui reprochait parfois d'écouter trop de gens – et il écoutait aussi bien les employés de base que les cadres dirigeants. [...] Lors de ses visites sur le terrain, sa question préférée était : "Qu'est-ce que vous en pensez ?" C'était sa manière de couper court à la timidité des employés qui n'osent pas faire de vagues ou donner de mauvaises nouvelles au grand chef[1]. »

Bill Marriott Jr. était un leader éclairé, qui connaissait les dangers de l'effet MUM et savait mobiliser ses employés pour que tous les hôtels du groupe soient à la hauteur de ses attentes.

Il n'est pas difficile de comprendre que poser des questions stimule l'implication de ceux que l'on souhaite influencer. Pourtant, beaucoup de managers et dirigeants n'appliquent pas ce principe. Pourquoi ? Parce que, parfois, poser des questions semble une manière détournée d'amener les gens à répondre ce que vous avez en tête. Pourquoi ne pas tout simplement le leur dire ? Ce serait tellement plus rapide.

La réponse est simple : parce que personne n'aime recevoir des ordres.

S'ils sont réticents à poser des questions, c'est aussi parce qu'ils craignent les réponses. Et si la personne ne va pas dans le sens espéré ? C'est une éventualité que l'on ne peut exclure. Mais il faut y voir une chance plutôt qu'un risque. La réponse que vous recevrez sera peut-être meilleure que celle à laquelle vous vous attendiez. Ian MacDonald, de Johannesburg, directeur d'une petite usine qui fabriquait des pièces pour machines

---

1. Ed Fuller, *You Can't Lead with Your Feet on the Desk*, op. cit.

de précision, eut l'occasion de prendre une commande importante alors que l'atelier était déjà surchargé de travail. Le délai de livraison, trop court, aurait dû l'inciter à ne pas l'accepter.

Au lieu de harceler ses ouvriers pour qu'ils accélèrent leur cadence et exécutent d'urgence le travail, il les réunit et leur expliqua la situation. Il leur dit combien ce serait important pour l'entreprise et pour eux d'honorer cette commande dans les temps. Puis il se mit à leur poser des questions : « Qu'est-ce que l'on peut faire pour y arriver ? Quelqu'un a-t-il une idée sur la manière de nous organiser ? Serait-il possible d'adapter les horaires ou de modifier les affectations à certains postes de travail ? »

Les employés proposèrent plusieurs solutions et insistèrent pour qu'il accepte la commande, qui fut produite et livrée dans les délais.

Cela ne devrait pas être le cas, mais beaucoup de managers redoutent les entretiens d'évaluation. Comme certains collaborateurs ne sont pas au niveau, ils anticipent les critiques qu'ils vont leur adresser et les inévitables tensions qui en découleront. Ce n'est pas la bonne approche.

La plupart des gens connaissent très bien leurs forces et leurs faiblesses. Hormis quelques personnes obtuses, ils vous diront exactement ce que vous pensez si vous leur posez la question. Beaucoup de psychologues des organisations recommandent une séquence d'autoévaluation au cours des entretiens. Les études prouvent que cela rend ces derniers plus satisfaisants pour les managers et les employés, avec en outre un impact positif sur la performance[1]. Demandez à vos collaborateurs de réfléchir à quelques questions avant l'entretien : « Selon vous, dans quels domaines êtes-vous particulièrement performant ? Quels sont vos objectifs pour l'année à venir ? Quelles compétences devez-vous améliorer pour les atteindre ? »

Imaginez que vous obteniez déjà les réponses à ces questions au début de l'entretien, réponses que vous n'aurez pas vous-même à donner… Dans au moins 80 % des cas, votre interlocuteur sera parvenu aux mêmes conclusions que vous, et la discussion prendra un tour beaucoup plus positif.

Ce qui est formidable avec les questions, c'est que l'on peut les poser en utilisant tous les moyens de communication ou presque. Et si vous envoyiez un SMS ou un tweet aux collaborateurs de votre équipe pour leur demander comment gérer un client récalcitrant ? Cela pourrait-il aider les employés peu efficaces dans ce domaine à repenser leurs propres méthodes ou à reconnaître qu'ils n'en ont pas ? Cent quarante caractères suffisent amplement à poser des questions pertinentes.

Les questions vous permettent de lancer une discussion – quel que soit le moyen de communication – susceptible de faire progresser toutes les personnes impliquées.

---

1. Herbert H. Meyer, « Self-appraisal of Job Performance », *Personnel Psychology*, 33, 2, juin 1980.

Et ces personnes se sentiront partie prenante des décisions ou actions qui en sortiront.

Et vous, préférez-vous que l'on vous pose une question ou que l'on vous donne un ordre ?

5

Laissez votre interlocuteur
sauver la face

Au cours de l'été 1941, le sergent James Allen Ward reçut la Victoria Cross pour être monté sur l'aile de son bombardier Wellington, attaché par une simple corde à 4000 mètres au-dessus du Zuiderzee, afin d'éteindre l'incendie qui avait pris dans l'un de ses moteurs. Winston Churchill, grand admirateur et auteur lui-même de ce genre d'exploits, convoqua le timide Néo-Zélandais au 10 Downing Street pour le féliciter. La rencontre ne commença pas très bien : Ward, paralysé par l'émotion, était incapable de répondre à la moindre question du Premier ministre. Churchill joua la carte de la compassion.

– Vous devez vous sentir tout petit et embarrassé en ma présence, lui dit-il.

– Oui, monsieur, parvint à répondre Ward.

– Alors vous pouvez imaginer à quel point je me sens tout petit et embarrassé en la vôtre[1].

---

1. Clifton Fadiman et André Bernard, *Bartlett's Book of Anecdotes*, *op. cit.*

En quelques mots, Churchill avait redonné au pauvre garçon sa place de héros. Il l'avait aidé à sauver la face. Peu d'entre nous prennent le temps d'avoir une telle attention. Nous piétinons la sensibilité de nos semblables, nous imposons nos volontés, nous pointons les erreurs, menaçons, critiquons un enfant ou un collaborateur devant témoins… Quelques mots aimables, un peu de compassion pour ce que ressent l'autre suffiraient pourtant à être moins blessant.

Quand un leader montre une telle dureté, que diffuse-t-il autour de lui ? La peur de l'échec. Si l'on sait que nos erreurs nous vaudront des reproches, parfois même en public, allons-nous prendre le moindre risque dans notre travail ? Aurons-nous envie d'être créatifs ou innovants ? Allons-nous exprimer notre avis, donner des idées ? Sans doute pas.

Et pourtant, l'échec fait partie intégrante de l'existence – que ce soit dans notre vie personnelle ou professionnelle. C'est une donnée de base si incontestable que la vénérable *Harvard Business Review* lui a consacré son numéro d'avril 2011, sous le titre : « L'échec : le comprendre, en tirer des enseignements et s'en relever ». Notez qu'il ne s'agissait nullement de l'éviter.

Nous savons bien qu'il est impossible de ne connaître aucun échec, alors pourquoi avons-nous tant de mal à faire preuve d'indulgence ?

Une responsable d'une grande entreprise du secteur des médias s'était vu confier le lancement d'un nouveau magazine. Après une année de travail acharné, les résultats n'étaient pas satisfaisants et la direction décida d'arrêter la parution.

Le PDG de l'entreprise, qui aurait pu licencier ou rétrograder cette responsable pour son échec, ou la donner en contre-exemple de ce qu'il attendait de ses collaborateurs, lui offrit au contraire son soutien. « Lors d'une réunion du comité exécutif, le PDG se leva et félicita cette responsable pour son courage et son talent. Il souligna qu'elle n'avait pas été la seule décisionnaire dans ce lancement malheureux ; le management l'avait validé. Le magazine avait été un échec malgré un contenu et un plan marketing de qualité », écrit Robert Sutton dans son livre *Good Boss, Bad Boss*[1].

L'attitude de ce patron incarne ce que Sutton appelle « pardonner et se souvenir », une démarche essentielle pour apprendre de ses erreurs et modifier son comportement. Le sociologue Charles Bosk fut le premier à décrire cette technique[2]. Elle vise à aider l'individu à prendre acte de ses erreurs tout en gérant le problème existentiel qui en découle, cette bataille intérieure démoralisante qui n'épargne personne.

N'est-ce pas là la véritable responsabilité de tout leader ? Car si la bataille est perdue, l'individu apprendra moins de ses erreurs, perdra l'estime de soi, deviendra timoré et contribuera moins à la réussite d'une entreprise, d'une famille ou de toute autre organisation.

---

1. Robert Sutton, *Good Boss, Bad Boss*, op. cit.
2. Charles L. Bosk, *Forgive and Remember : Managing Medical Failure*, University of Chicago Press, 1981.

Un leader aura beau produire tous les efforts du monde, il ne supprimera pas les échecs. Ni ceux de ses collaborateurs, ni les siens. Admettre cela et reconnaître qu'un revers est parfois bénéfique en soi aide à mieux accompagner ceux qui y sont confrontés, à leur redonner confiance. Un bon leader exploite la créativité de son équipe en l'aidant à sauver la face avant même de se retrouver en situation d'échec.

Fiona Lee, Amy Edmondson et Stefan Thomke ont réalisé une enquête auprès de 688 employés dans une grande organisation du secteur de la santé, lors de l'introduction d'un système d'information agrégeant les données de l'ensemble des départements. Ces employés avaient reçu une formation minimale au nouvel outil, qu'ils étaient censés s'approprier eux-mêmes[1].

Les résultats ? Dans les départements dont les managers avaient dit clairement à leurs collaborateurs qu'ils pouvaient faire des erreurs, et n'avaient pas mis en place un système de récompense pénalisant de fait ceux qui se tromperaient, l'expérimentation fut un grand succès. Au contraire, dans les départements où le message des managers n'était pas clair, ou si ces derniers sanctionnaient les erreurs, même de manière indirecte, les employés utilisèrent beaucoup moins le nouvel outil. Les salariés les plus bas dans la hiérarchie ne l'expérimentèrent même pas du tout, en raison d'une peur de l'échec plus importante. Logiquement, les employés qui l'avaient le plus testé se l'approprièrent mieux que

---

1. Fiona Lee, « The Fear Factor », *Harvard Business Review*, janvier 2001.

les autres et l'intégrèrent rapidement à leur quotidien de travail.

En fait, dans cet exemple, les managers les plus rassurants ont développé – à petite échelle – une culture de la résilience au sein de leurs équipes. La résilience, explique Martin Seligman, pionnier de la psychologie positive, touche aux différentes manières de réagir aux échecs. Certains savent rebondir, tirent des enseignements et en sortent plus forts, quand d'autres s'effondrent, perdent confiance et redoutent l'avenir. Quelle attitude préférez-vous encourager dans votre entourage ?

Les entreprises qui recrutent parmi les anciens militaires connaissent bien la valeur de la résilience. Elles savent qu'ils sont rompus à la gestion des erreurs et des échecs, et qu'ils continuent malgré tout d'aller de l'avant.

Donovan Campbell a intégré le programme de développement du leadership de PepsiCo, un dispositif réservé aux cadres à haut potentiel. Cet ancien lieutenant de l'armée américaine a expliqué dans un livre[1] ce que lui a appris son expérience de chef de section en Irak.

« Pendant toute votre scolarité, on vous récompense quand vous ne faites pas d'erreurs. Ensuite, vous cherchez un boulot et, bien souvent, vous montez en grade parce que vous avez commis très peu d'erreurs. Ce qui fait que, dans votre esprit, vous ancrez peu à peu l'idée qu'il faut à tout prix éviter les erreurs. Mais dans l'armée, vous apprenez que, quels que soient vos efforts et vos capacités, vous ferez des erreurs, en outre, les événements, ou l'ennemi, ou un imprévu vous empêcheront

---

1. Donovan Campbell, *Joker One*, New York, Random House, 2010.

parfois de réussir et vous échouerez. À ce moment-là, l'idée de ne pas être infaillible ne vous dérange plus[1]. »

C'est cette approche mature de l'échec, et non l'inaction ou l'indécision stériles, que nous attendons de nos collaborateurs et de nos dirigeants. Les autoriser à se tromper est une bonne manière de les aider à admettre leurs erreurs (un aspect-clé du leadership que nous avons déjà abordé), à s'en relever plus vite et à en tirer davantage d'enseignements. En tant que manager, cela vous donnera une vision plus exhaustive du travail de votre équipe, que vous pourrez donc mieux accompagner. Comment créer ce type d'environnement ? Dans son livre *Open Leadership*[2], Charlene Li expose cinq principes utiles aux managers pour développer la résilience au sein de leur équipe :

- *Admettez qu'il est possible d'échouer.* Il ne s'agit pas seulement de reconnaître sans tarder un échec avéré, mais d'envisager avec votre équipe, en amont, l'éventualité d'un raté.

- *Encouragez le dialogue pour entretenir la confiance.* Aborder honnêtement les problèmes est le meilleur moyen d'en tirer des enseignements et de ne pas laisser la situation se dégrader.

- *Ne faites pas des échecs un problème personnel.* Au lieu de dire « Vous avez échoué », dites « Le projet a

---

1. Brian O'Keefe, « Battle-Tested : From Soldier to Business Leader », *Fortune*, 8 mars 2010.
2. Charlene Li, *Open Leadership*, *op. cit.*

échoué». Dans la plupart des cas, c'est la vérité. Amy Edmondson, chercheur et professeur à Harvard, a étudié ce sujet auprès d'une population de cadres : «Quand je leur demande [...] d'estimer le nombre d'échecs vraiment imputables à une personne en particulier, ils me donnent en général une réponse à un chiffre – peut-être 2 à 5 %. Mais à la question de savoir combien d'échecs sont traités comme tels, ils répondent (après une pause ou un rire) 70 à 90 %. Cela a une conséquence dommageable : beaucoup d'échecs ne sont pas remontés et on ne peut donc rien en apprendre[1]. »

- *Tirez des enseignements de vos erreurs.* Sinon, ce sont autant d'occasions perdues de progresser.
- *Créez un système de gestion des risques.* En étant méthodique dans votre approche du risque et de l'échec, vous en minimiserez l'impact émotionnel.

Pourquoi se donner tant de mal ? La démarche d'Alberto Alessi, le grand designer italien, est de toujours chercher la limite entre ce qui est possible et ce qui ne l'est pas. Pour lui, les meilleures créations sont celles qui s'approchent au plus près de cette ligne de crête. C'est là que s'expriment l'innovation et le talent. Bien sûr, à tutoyer cette frontière, on tombe souvent de l'autre côté, dans le royaume de l'impossible. Mais quel glorieux échec, le cas échéant, et qui sait ce que l'on pourra en

---

1. Amy C. Edmondson, «Strategies for Learning from Failure», *Harvard Business Review*, avril 2011.

apprendre ! Sir James Dyson, le célèbre inventeur des aspirateurs à séparation cyclonique, a élaboré plus de cinq mille prototypes avant de lancer son premier produit sur le marché.

Face à une personne qui a commis une erreur, il faut se souvenir que sa manière de la gérer dépendra du soutien qu'elle recevra pendant cette épreuve. Il existe une différence fondamentale entre les gens ordinaires et les autres : leur façon de percevoir un échec et d'y réagir. Un bon leader peut faire pencher la balance du bon côté.

Maintenant, il y a « erreur » et « erreur ». Certaines sont à mettre sur le compte d'un mauvais jugement ou d'un manque d'expérience ou d'accompagnement. D'autres sont dues à l'inconscience, à la cupidité, à l'égoïsme ou à un désir de s'élever aux dépens des autres. Le cas échéant, il y a fort à parier que le fautif n'éprouve aucun remords et ne se sent nullement responsable. Faut-il aider une telle personne à sauver la face ? On peut en douter. Cela ne ferait peut-être qu'accentuer le problème. Dans ces circonstances, mieux vaut limiter au maximum les commentaires et aborder la question en privé, avec autant d'habileté que possible.

On peut aussi s'inspirer des conseils de Charlene Li pour aider une personne à sauver la face dans une situation embarrassante, comme une gaffe ou une négligence.

- Reconnaissez l'erreur, mais avec tact. Faire comme si de rien n'était est sans doute une manière de « pardonner », mais cela semblera quelque peu hypocrite en cas d'indélicatesse flagrante.

- Admettez votre propre part de responsabilité, même mineure.
- Faites ressortir les points positifs (comme dit le proverbe, « à quelque chose, malheur est bon »).
- Si personne d'autre n'est susceptible de se froisser, abordez le problème comme une généralité.

Imaginez que l'on vous présente à quelqu'un que vous avez déjà rencontré, mais qui ne se souvient manifestement pas de vous. Vous pourriez lui dire : « Nous nous sommes déjà rencontrés », et le mettre ainsi dans l'embarras. Mais vous pourriez aussi lui dire : « Bonjour, Marc, ravi de vous revoir. On s'est croisés le mois dernier au déjeuner du Club de l'Innovation, n'est-ce pas ? Le thème était vraiment intéressant, mais quel monde ! »

Aujourd'hui, nos erreurs, faux pas et échecs sont beaucoup plus facilement portés à la connaissance de tous qu'autrefois. Quand un employé commet une erreur, on ne s'étonne pas que le client en parle sur son blog ou sa page Facebook, ou se fende d'écrire un courriel indigné au PDG de l'entreprise en question. Cet employé est déjà dans la position de se sentir humilié et déstabilisé. Pourquoi aggraver les choses ? Permettre aux autres de sauver la face est essentiel à l'ère numérique.

Bien sûr, il est plus difficile d'y parvenir lorsque l'information a déjà été diffusée. C'est pourquoi vous devez vous astreindre à une discipline stricte en matière d'utilisation des courriels. Un message piraté ou envoyé par erreur au mauvais destinataire puis posté sur un blog peut non seulement embarrasser quelqu'un mais ruiner sa réputation professionnelle. Si vous devez aborder une erreur ou une gaffe avec un collaborateur, faites-le plutôt par téléphone ou en face à face. Réservez les messages écrits aux félicitations ou aux conseils constructifs.

Il est important d'aider les autres à sauver la face avec habileté. Appliquer ce principe avec un client ou un futur client peut même se révéler une bonne tactique commerciale. L'entreprise Rubbermaid utilise cette technique pour capter de nouveaux clients, comme l'explique Wolfgang Schmitt, son ancien PDG :

> « Nous recevons des réclamations, dont la plupart viennent de clients ayant acheté un produit concurrent, pensant que c'était le nôtre. Nous leur adressons alors une lettre personnalisée disant : "Nous comprenons bien l'erreur commise, car des concurrents copient nos produits. Nous aimerions que vous puissiez constater vous-même la différence, en essayant le nôtre gratuitement." Nous envoyons alors un produit de remplacement, qui crédibilise la qualité de notre marque[1]. »

Même si nous avons raison et que notre interlocuteur a tort, en lui faisant perdre la face, nous détruisons son ego. Nous ne contribuons en rien à modifier son comportement.

À l'inverse, en atténuant le poids de ses erreurs, non

---

1. Dale Carnegie, *Comment trouver le leader en vous*, op. cit.

seulement nous préservons son amour-propre, mais nous renforçons la relation de confiance qui nous lie. Aidez quelqu'un à sauver la face et vous gagnerez en influence sur lui. Faites-le chaque fois que l'occasion se présente et il ne pourra presque rien vous refuser.

6

Soulignez les progrès accomplis

Un beau jour de 2010, les hôtels Best Western créèrent une page Facebook qui attira un grand nombre de visiteurs. On put bientôt y lire des centaines de messages :

« Grâce à Wallace, les voyageurs éreintés ont l'impression d'arriver à la maison ! Ce que je préfère dans le hall d'hôtel, c'est son sourire. »

« Wallace est le meilleur. On adore revenir rien que pour lui ! »

« Au moment de partir, les enfants ont demandé quand on reviendrait voir Wallace ! »

« Il m'arrive de le croiser une quinzaine de fois dans le hall et, chaque fois, il a un grand sourire et un mot d'humour. Quand je descends à l'hôtel, ça fait partie de ce que j'apprécie le plus ! »

« On devrait tous prendre exemple sur Wallace. Quand il n'a pas le moral, ça ne se voit jamais. »

« Dans tous mes voyages, je n'ai jamais rencontré quelqu'un d'aussi aimable et serviable, qui veuille autant rendre les clients heureux. »

« Quand je vois Wallace, c'est toujours un rayon de soleil. Son accueil chaleureux, sa connaissance de la ville, sa gentillesse et son professionnalisme, et cet extraordinaire sourire qui rend mon séjour si agréable… Il a vraiment un don pour les relations humaines. »

Mais qui est donc ce Wallace ? Wallace Pope, un homme originaire de Chicago, père célibataire, employé de longue date au Best Western River North de Chicago et qui adore aider les autres.

Quand Wallace fut nominé pour les « Stars of the Industry » par l'Illinois Hotel & Lodging Association, Best Western voulut lui exprimer sa fierté et son soutien – et l'aider à remporter le trophée. L'entreprise créa alors une page Facebook intitulée «Wallace mérite de gagner», encourageant les clients de l'hôtel à témoigner des qualités professionnelles de son employé. En une semaine, 2 722 personnes consultèrent la page qui fut bientôt remplie de dizaines de témoignages d'affection et de soutien. Les clients ne tarissaient pas d'éloges sur la profonde gentillesse de Wallace et son talent pour rendre leurs séjours plus agréables. Wallace ne remporta pas le trophée, mais les félicitations et les encouragements reçus sur Facebook valaient beaucoup plus qu'une médaille.

Féliciter et encourager : deux éléments essentiels pour motiver une personne à exploiter tout son potentiel, progresser, changer. Et pourtant, qu'il est difficile pour beaucoup d'entre nous de reconnaître les efforts de ceux qui nous entourent !

Le Dr Gerald Graham se demandait comment les managers s'y prenaient pour motiver leurs collaborateurs.

Il mena donc l'enquête auprès de 1500 employés, aboutissant à des résultats plutôt surprenants :

- 58 % répondirent que leur manager les félicitait rarement, voire jamais.
- 76 % recevaient rarement des remerciements écrits, voire jamais.
- 81 % étaient rarement félicités en public, voire jamais.

Et pourtant, parmi les cinq facteurs de motivation jugés les plus importants, on trouvait les félicitations, les remerciements écrits et les compliments en public[1].

Ces résultats datent de 1982. Trente ans plus tard, les choses n'ont pas tellement changé. Les employés que l'on félicite sont toujours plus productifs et les organisations qui les emploient, plus performantes. C'est l'un des douze indicateurs de succès que Marcus Buckingham et Curt Coffman soulignent dans *Manager contre vents et marées*[2], un ouvrage issu d'une vaste enquête de Gallup Organization. Pourtant, les managers sont toujours notoirement avares de compliments.

Nous avons tous besoin de félicitations ; nous désirons tous nous sentir importants. Quand nous avons accompli des progrès ou réussi quelque chose, les compliments que nous recevons expriment clairement que c'était remarquable, puisque les autres l'ont remarqué. C'est aussi vrai au bureau, en famille, à l'école que dans nos

---

1. Gerald H. Graham, *Understanding Human Relations : The Individual, Organization, and Management*, Chicago, Science Research Associates, 1982.

2. Marcus Buckingham et Curt Coffman, *Manager contre vents et marées*, Village Mondial, 2005.

diverses activités. L'une des caractéristiques psychologiques fondamentales de l'être humain est qu'il persiste dans les comportements qui lui valent une approbation; au contraire, ceux qui ne sont pas reconnus ont tendance à disparaître.

Voici les conseils du CMOE (Center for Management and Organization Effectiveness) en la matière[1] :

1. « Complimentez sincèrement. » Soyez authentique.

2. « Complimentez aussi tôt que possible. » N'attendez pas la prochaine réunion, la prochaine évaluation, le prochain repas de famille. La satisfaction de la personne sera retombée et vous aurez manqué une occasion de l'amplifier.

3. « Faites des compliments précis. » Un simple merci n'est pas un compliment, mais de la politesse. Les gens doivent savoir exactement ce qui vous a plu dans leurs efforts pour poursuivre dans cette direction.

4. « Félicitez les gens en public. » À l'ère des réseaux sociaux, il est de plus en plus facile de suivre ce conseil, aussi n'avez-vous aucune excuse de ne pas le faire. Best Western y est très bien parvenu. De nos jours, il n'y a aucune raison d'attendre le prochain comité trimestriel pour valoriser un travail accompli.

Nous devrions nous efforcer de féliciter ceux qui nous entourent le plus souvent possible. La plupart d'entre

---

1. CMOE, « 5 Ways to Give Praise: Small Efforts with a Huge Return », www.cmoe.org/blog/5-ways-to-give-praise-small-efforts-with-a-huge-return.htm

nous ont de multiples occasions de le faire ; il suffit de savoir les saisir au quotidien.

Le capitaine Abrashoff, commandant de l'USS *Benfold*, a compris mieux qu'aucun autre la force des compliments :

> « La plupart de mes jeunes marins avaient un passé difficile et avaient dû se battre pour entrer dans la Navy. Je me suis mis à la place de leurs parents et j'ai imaginé ce qu'ils pourraient ressentir si le commandant de leurs enfants leur écrivait, et ce que ces derniers pourraient ressentir si leurs parents leur en parlaient. J'ai commencé à leur envoyer des lettres, en particulier lorsque j'avais une occasion d'être élogieux à l'égard de leurs enfants. Dès qu'ils les recevaient, ils ne manquaient pas de les appeler pour leur dire qu'ils étaient fiers d'eux[1]. »

L'un de ces marins, sans être lui-même exceptionnel, faisait partie d'une équipe qui s'était démarquée lors d'une mission. Le capitaine Abrashoff estima qu'en le congratulant sur sa contribution, il lui donnerait l'impulsion qui lui manquait cruellement. Il envoya donc une lettre de félicitations aux parents du jeune homme. Deux semaines plus tard, le marin frappa à la porte du commandant, les larmes aux yeux.

« Je viens d'avoir un appel de mon père, qui m'a répété toute ma vie que j'étais un raté. Il m'a dit qu'il venait de lire votre lettre et qu'il voulait me féliciter et me dire qu'il était fier de moi. C'est la première fois de ma vie qu'il m'encourage comme ça. »

---

1. D. Michael Abrashoff, *It's Your Ship*, op. cit.

À n'en pas douter, c'était un moment très intense pour ce jeune homme. À votre avis, comment cela a-t-il pu affecter sa confiance en lui et son esprit d'équipe ?

Si les félicitations sont utiles et nécessaires, elles impliquent toutefois une évaluation à l'aune d'un standard de performance. Le reste du temps, les bons leaders et les personnes d'influence ont recours aux encouragements. « Les compliments se limitent à l'atteinte d'un "bon" résultat ; les encouragements peuvent être prodigués à tout moment, même quand cela n'avance pas comme on le souhaiterait[1]. »

C'est l'essence même des encouragements : montrer que l'on croit en l'autre, en ses capacités et en ses talents, indépendamment de la tournure des événements.

Cela demande un état d'esprit particulier. Au lieu de ne regarder que les défauts d'une personne, il faut être capable de voir ses forces et son potentiel. De faux encouragements, qui n'ont pas la puissance d'une foi sincère en l'autre, ne font que déprécier ses efforts.

S'ils sont authentiques, ils confèrent une grande force psychologique, cette capacité à surmonter les défis stressants ou angoissants du quotidien, à se battre et à avancer avec opiniâtreté. Telle est la marque de fabrique des gagnants.

Les encouragements sont source de motivation, et voilà bien ce que les leaders du monde entier s'acharnent

---

1. Timothy Evans, « The Tools of Encouragement », CYC-Online, International Child and Youth Care Network, n° 73, février 2005, www.cyc-net.org/cyc-online/cycol-0205-encouragement.html

à trouver. La principale raison de leurs difficultés est que beaucoup d'entre eux ne prennent pas le temps de réfléchir à ce qui motive vraiment les gens. On croit souvent qu'ils attendent des récompenses matérielles, et que «la carotte et le bâton» est la meilleure approche, mais c'est rarement le cas. Les individus sont bien plus profondément motivés par la reconnaissance personnelle et sociale.

Le psychologue Jon Carlson, qui a beaucoup travaillé sur les couples et les familles épanouis, en a tiré des règles essentielles dont l'on peut s'inspirer pour créer un environnement stimulant:

1/ *Donnez-vous comme priorité d'entretenir de bonnes relations.* Le respect et la communication constructive sont deux éléments-clés à cet égard.

2/ *Prodiguez des encouragements chaque jour.* N'attendez pas les difficultés. Soulignez le moindre effort et le moindre progrès afin que les autres n'oublient pas que votre foi en eux est intacte.

3/ *Impliquez votre entourage.* Par exemple, associez les autres à vos prises de décision autant que possible; vous leur montrerez ainsi que leur avis compte.

4/ *Ne laissez pas les conflits s'envenimer.* En cas de tension, les mots deviennent facilement blessants ou décourageants. Voyez la différence entre «Je pense que tu peux y arriver» / «On a un problème, qu'est-ce qu'on peut faire?» et «Je vais m'en occuper» / «Je t'avais dit de faire attention!»

5/ *Amusez-vous!*

Clarence M. Jones, qui fut formateur à l'Institut Carnegie, a raconté comment il avait changé la vie de son fils en l'encourageant et en minimisant la difficulté à corriger ses erreurs.

« Mon fils David, alors âgé de quinze ans, est venu vivre avec moi à Cincinnati. Il n'avait pas eu une vie facile. En 1958, une profonde blessure à la tête, lors d'un accident de voiture, lui avait laissé sur le front une vilaine cicatrice. En 1960, sa mère et moi avions divorcé et il était parti vivre avec elle à Dallas. Sa scolarité s'était en grande partie passée dans des classes pour enfants retardés. Sans doute à cause de sa cicatrice, l'administration de l'école considérait que son cerveau avait été touché et ne fonctionnait pas normalement. Il avait deux ans de retard et ne connaissait pas ses tables de multiplication. Il comptait sur ses doigts et savait à peine lire.

Un point positif toutefois : il s'intéressait beaucoup aux postes de radio et de télévision. Il voulait devenir réparateur. Je l'encourageai dans cette voie et lui fis remarquer qu'il aurait besoin des mathématiques pour suivre de telles études. Je décidai de l'aider à progresser dans cette matière, avec des cartes d'activités sur la multiplication, la division, l'addition et la soustraction. À mesure que nous progressions, nous mettions les bonnes réponses d'un côté et les mauvaises de l'autre. Quand David fournissait une mauvaise réponse, je lui indiquais la bonne, puis plaçais la carte dans le paquet "à refaire", et ainsi de suite jusqu'à ce qu'il n'en reste plus. Je le félicitais abondamment pour chacune des réponses justes, surtout lorsqu'il avait déjà échoué à la question.

Tous les soirs, nous reprenions le paquet à refaire jusqu'à ce qu'il ne reste plus de cartes. Et chaque soir, nous minutions l'exercice avec un chronomètre. Je lui promis que nous arrêterions l'exercice quand il parviendrait à me donner toutes les bonnes réponses en huit minutes. Cet objectif paraissait hors de portée pour David. Le premier soir, il lui fallut cinquante-deux minutes, le deuxième soir quarante-huit, puis quarante-cinq, quarante-quatre, quarante et une, puis moins de quarante minutes. Nous fêtions chaque progrès. J'appelais ma femme, nous l'embrassions tous les deux et nous nous mettions tous trois à danser de joie. À la fin du mois, toutes ses réponses étaient correctes en moins de huit minutes. Chaque fois qu'il faisait un léger progrès, il demandait à tout recommencer. Il avait fait une découverte fantastique : apprendre était facile et amusant.

Naturellement, il fit de réels progrès en maths. C'est surprenant comme l'algèbre est plus facile lorsque vous maîtrisez la multiplication ! Il s'étonna lui-même en rapportant un B à la maison. Cela ne lui était jamais arrivé. D'autres changements se produisirent avec la même incroyable rapidité. Il se mit à lire beaucoup mieux et à développer ses talents naturels pour le dessin. Plus tard, au cours de l'année, son professeur de technologie le chargea même de préparer une exposition. Il choisit de fabriquer une série très complexe de modèles réduits pour démontrer l'effet des leviers. Cela demandait de l'habileté, non seulement pour les croquis et la maquette, mais aussi pour les mathématiques appliquées. Son exposition lui rapporta le premier prix à la fête de la science de son école ; il fut même admis à participer au concours de la ville de Cincinnati, où il remporta le troisième prix.

Cela fonctionna. Voilà un enfant qui avait deux années de retard, à qui l'on avait dit que son cerveau avait été "abîmé", que ses camarades traitaient de "Frankenstein" dont le cerveau devait avoir fui par sa blessure à la tête. Et soudain, il découvrait qu'il avait les capacités d'apprendre et de créer. Le résultat ? De la quatrième à l'université, il ne manqua jamais le tableau d'honneur. Après avoir compris qu'apprendre était facile, sa vie entière en fut changée. »

Dites à quelqu'un que vous avez une totale confiance en sa capacité à atteindre un but, encouragez-le en mettant l'accent sur toutes les qualités qui lui permettront d'y parvenir, et il s'entraînera jusqu'au petit matin s'il le faut. Souvenez-vous : les talents se fanent sous la critique et fleurissent sous les encouragements. Soulignez les progrès accomplis et vous stimulerez le potentiel de ceux qui vous entourent.

7

Aidez les autres
à être à la hauteur de la réputation
que vous leur avez donnée

Benjamin Zander était fatigué. Fatigué de voir ses élèves du conservatoire aborder de manière trop timorée leur éducation musicale, parce qu'ils étaient angoissés à l'idée d'avoir de mauvaises notes. Au plus haut niveau d'une discipline artistique, le talent se développe parfois au prix d'une compétition acharnée. Il envisagea de supprimer purement et simplement les notes, mais cela représentait bon nombre de défis – parvenir à convaincre le directeur de mettre en œuvre un changement si radical n'étant pas le moindre.
Il décida alors de donner un A à tout le monde dès le début de l'année.
Au moment de rencontrer sa nouvelle classe, il annonça à ses étudiants stressés: «Chacun de vous obtiendra un A pour ce cours. Je ne vous demanderai qu'une chose pour cela: dans les deux prochaines semaines, je veux que vous m'écriviez une lettre datée de mai [...] dans

laquelle vous me raconterez, avec le plus de détails possible, ce qui vous sera arrivé depuis aujourd'hui qui justifie cette note extraordinaire. »

Il demandait par là aux étudiants de se projeter dans le futur et de réfléchir à ce qu'ils auraient accompli pour mériter une telle note. Ils devaient décrire des projets, des étapes franchies et même des concours remportés. Mais Zander voulait plus qu'une analyse superficielle : « Ce qui m'intéresse en particulier, c'est la personne que vous serez devenus en mai prochain. Je veux connaître les attitudes, les sentiments, la vision du monde de cette personne qui aura accompli ce qui lui tenait à cœur ou sera devenue ce qu'elle voulait être[1]. »

L'un de ses élèves, un jeune tromboniste, écrivit la lettre suivante :

« Cher Monsieur,

Aujourd'hui, le monde sait qui je suis. Cette énergie et cette intense émotion que vous avez vues frémir en moi mais que je ne parvenais pas, hélas, à exprimer sur scène ni par des mots, se sont libérées ce soir lors d'un concert de musique composée par moi. […] Lorsque j'ai cessé de jouer, personne n'a bougé. Un silence éloquent. Des soupirs. Puis des applaudissements à ne plus entendre les battements de mon cœur.

Il se peut que j'aie salué – je ne m'en souviens pas. Les vivats se prolongèrent si longtemps que je sentis l'envie de parfaire cette première représentation et de célébrer la chute du masque et de l'enveloppe que j'avais tissés pour me cacher en improvisant sur ma propre mélodie comme un rappel – en

---

1. Rosamund Stone Zander et Benjamin Zander, *The Art of Possibility*, New York, Penguin, 2002.

solo. Ce qui suivit, j'en ai un souvenir flou. J'ai oublié la technique, l'ambition, la tradition, l'enseignement, l'histoire – et même le public, veuillez me croire.

Ce qui sortit de mon trombone, je le sais, c'est ma voix.

Des rires, des sourires, mon âme sévère et en pleurs chantait.

Tucker Dulin »

Pendant les dix mois qui suivirent, Benjamin Zander observa d'étonnants changements chez ses élèves. Dans le livre qu'il a écrit avec son épouse Rosamund, il explique en quoi son approche – « donner un A » – contribue à inspirer un sentiment de grandeur :

« Vous pouvez donner un A à n'importe qui – une serveuse, votre employé, votre belle-mère, les joueurs de l'équipe adverse, les automobilistes autour de vous. Quand vous donnez un A, vous n'évaluez pas les individus par rapport à vos exigences : vous leur offrez respectueusement l'espace de se réaliser eux-mêmes. Ce A n'est pas une attente à laquelle il faut répondre, mais une possibilité dans laquelle se projeter[1]. »

Quelle magnifique philosophie dans un monde si souvent cynique.

Les coachs, les mentors, les leaders et les parents se rendent souvent compte que les individus se hissent à la hauteur des espoirs que l'on place en eux, quel que soit leur niveau. Si un homme se sent peu important ou peu respectable, sa motivation pour s'améliorer sera faible. Pourquoi ne pas vous forger une image de lui

---

1. *Ibid.*

incluant tout ce dont vous le savez capable, mais aussi tout ce que vous ignorez encore de ses possibilités ? La déception sera rarement au rendez-vous.

La mère de la petite Paige Ann Michelle McCabe décrit ce qui s'est passé lorsqu'elle lui a donné une réputation de grande fille à mériter :

« Paige Ann, quatre ans, était assise sur une chaise de la cuisine quand elle m'entendit expliquer à son frère Brandon, six ans, qu'il devrait désormais mettre la table tous les soirs pour le dîner. Paige me lança un regard plein d'espoir, les larmes aux yeux ou presque : "Et moi, maman, qu'est-ce que je suis assez grande pour faire, maintenant ? Qu'est-ce que je peux faire parce que je suis une grande fille ?" Ne voulant pas attrister son petit cœur ni la vexer, je réfléchis rapidement à quelque chose que je pourrais lui confier.

Une idée me vint *in extremis*. "Paige Ann Michelle, lui annonçai-je triomphalement, maintenant que tu as quatre ans et que tu es assez grande pour faire des choix, tu devras désormais préparer toi-même tes vêtements. Tous les soirs, avant de prendre ton bain, tu choisiras des habits dans la commode et tu les poseras sur ton lit, comme ça ils seront prêts pour le lendemain matin."

La maison se transforma en une vraie ruche. Brandon s'affaira autour de la table et Paige courut dans sa chambre, où je l'entendis ouvrir et fermer avec excitation tous les tiroirs de sa commode. Dix secondes plus tard, elle en sortit précipitamment: "Ça y est, maman, je l'ai fait ! Viens voir, viens voir !" Les vêtements étaient en effet étalés sur son lit, prêts pour le lendemain. Je lui dis à quel point j'étais fière d'elle, maintenant qu'elle devenait une grande fille responsable. Elle était aux anges.

Le lendemain matin, un miracle se produisit chez les McCabe.

D'habitude, je dois cajoler une Paige grognonne pour qu'elle sorte du lit et le moins que l'on puisse dire, c'est qu'il est difficile de la faire s'habiller. Si je choisis une jupe bleue, elle veut un pantalon rouge. Si je choisis un chemisier blanc avec des papillons, elle veut son chemisier mauve à fleurs. Et quand je finis par abandonner et lui dire de choisir, elle met des heures à se décider. Paige reste ronchonne et, quant à moi, je m'énerve.

Mais rien de tel, ce matin-là. "Regarde ma tenue, maman !", me lança-t-elle. Elle s'était habillée avant même que je le lui demande ! Je l'embrassai avec fierté et la félicitai sur ses choix. C'était le matin, et Paige Ann Michelle McCabe était de bonne humeur. Quelle sacrée différence ! »

Paige Ann Michelle McCabe s'était conformée à la réputation de grande fille que sa mère lui avait accordée. Pour modifier le comportement d'une personne, accordez-lui davantage de respect en lui donnant une belle réputation à tenir. Faites comme si elle possédait déjà le trait de caractère ou la qualité que vous cherchez à perfectionner.

8

Trouvez des terrains d'entente

Cela faisait six mois que les employés de l'usine étaient en grève lorsque les syndicats parvinrent enfin à un accord, qui ne répondait toutefois pas à toutes leurs revendications. Les salariés reprirent le travail, mais les tensions restaient fortes dans les deux camps. Le climat social n'était pas sain. Comment dépasser l'animosité et aller de l'avant ?

Kerry Patterson, Joseph Grenny, Ron McMillan et Al Switzler ont expliqué dans un livre la manière dont ils amenèrent les deux parties à renouer le dialogue. Ils réunirent chaque groupe dans une pièce et leur demandèrent de prendre le temps de réfléchir à leurs ambitions pour l'entreprise, puis de les écrire sur un tableau. Les discussions durèrent deux heures. Les coachs les firent ensuite changer de pièce, demandant à chaque groupe de lire ce qu'avait écrit l'autre, afin d'en dégager au moins un début d'objectifs communs. Que croyez-vous qu'il arriva ?

Quand les deux groupes se réunirent, ils n'en revenaient pas. Leurs ambitions étaient presque les mêmes : « une entreprise rentable, des emplois stables et gratifiants, des produits de grande qualité et un impact environnemental positif[1] ».

Cette prise de conscience n'effaça pas le passé, mais elle changea le regard que chaque camp portait sur l'autre. Ils avaient appris l'un sur l'autre quelque chose qui allait les aider à obtenir des résultats plus positifs à l'avenir.

Pourquoi est-il si important de trouver un terrain d'entente ? Pour modifier une attitude ou un comportement, un leader doit surmonter les résistances potentielles en faisant en sorte que la personne soit heureuse d'accomplir le changement qu'il lui suggère. Il ne s'agit pas de manipulation ou de contrôle des esprits. Si vous prenez en compte les objectifs de l'autre et que vous parvenez à les relier aux vôtres, vous créerez une situation « gagnant-gagnant » qui satisfera les deux parties. De nos jours, il est très simple de trouver des points de connexion avec les autres, pour peu que l'on s'en donne le temps. Lorsque vous préparez un entretien d'embauche ou un rendez-vous commercial, ne prenez-vous pas la peine de vous renseigner sur l'entreprise, sa vision, ses objectifs, ses valeurs ? La plupart du temps, toutes ces informations sont disponibles sur son site Internet. Et beaucoup d'entreprises vont beaucoup

---

1. Kerry Patterson, Joseph Grenny, Ron McMillan et Al Switzler, *Crucial Conversations*, New York, McGraw-Hill, 2002.

plus loin, affichant de courtes notices biographiques des collaborateurs, des communiqués de presse et des actualités.

Souvent, nous n'avons pas la même démarche à l'égard de notre entourage, alors qu'elle est tout aussi aisée. Demandez aux gens ce qu'ils ont fait de leur weekend, où ils comptent aller en vacances ou ce qu'ils lisent en ce moment, et vous en apprendrez énormément sur leurs désirs et leurs buts. Ce sera encore plus facile si vous maintenez un contact virtuel avec eux.

Le succès populaire du jeu des « Six Degrés de Kevin Bacon » est un phénomène intéressant[1], mais c'est surtout une excellente manière d'envisager la relation à l'autre, lorsque l'on veut l'influencer. En vérité, si l'on étend le principe de la translation à tout ce que l'on peut avoir de commun – les centres d'intérêt, les expériences, les objectifs –, nous sommes seulement à un degré de séparation de quiconque. Pour influencer les autres, pour les rendre heureux de faire ce qu'on leur suggère, il suffit de trouver cette connexion qui nous relie.

Une étudiante de l'Institut Dale Carnegie en Allemagne s'est rendu compte que le simple fait d'écrire à ceux qu'elle voulait mieux connaître – afin de trouver cette éventuelle connexion – se révélait très efficace.

---

1. Un jeu lancé en 1994 aux États-Unis, fondé sur le postulat que tout acteur de Hollywood pouvait être relié à Kevin Bacon à travers ses rôles au cinéma. La théorie des six degrés de séparation, dont ce jeu s'inspire, a été popularisée par le psychiatre Stanley Milgram dans les années 1960. Elle avance que tout individu peut être relié à n'importe quel autre par l'intermédiaire de cinq maillons relationnels au maximum. *(N.d.T.)*

« Comme je suis très timide, j'ai décidé d'envoyer des courriels aux gens qui m'intéressent. En cherchant un peu, j'ai trouvé les adresses de personnes très connues et je me suis mise à leur poser des questions sur leur vie : comment ils avaient créé leur entreprise, ce qui comptait pour eux...

Deux semaines plus tard, j'ai reçu une lettre de deux pages du président allemand Johannes Rau, qui répondait à mes questions. Six semaines après, j'ai reçu un autre courrier, une grande enveloppe contenant un livre dans lequel je trouverais mes réponses. Il m'avait été envoyé par Sa Sainteté le dalaï-lama. »

Quelle leçon en tirer ? Si vous vous y prenez bien, les gens – tous, même ceux qui semblent inatteignables – vous raconteront leur histoire, leurs motivations et leurs buts.

Un soir, Dana White, le président de l'UFC (Ultimate Fighting Championship), a communiqué par erreur son numéro de portable sur Twitter à plus d'un million de fans qui l'ont fait suivre à un nombre incalculable de gens. En quelques minutes, les appels ont commencé à pleuvoir. Un dirigeant moins obsédé que White par la satisfaction de son public aurait tout de suite contacté son opérateur pour faire suspendre la ligne. Mais ce dernier n'en fit rien.

Pendant une heure et demie, il prit les appels et discuta avec les fans. Qui adorèrent cela.

Ce fut un mal pour un bien, et Dana White en tira des enseignements. Il apprit que le dialogue avec les fans était précieux ; l'agence responsable de la communication virtuelle de l'UFC réalisa qu'ils tenaient une nouvelle opportunité « d'apporter un contenu valorisant aux fans, quand ils veulent, où ils veulent et comme ils veulent[1] ». Aujourd'hui, Dana White a une ligne téléphonique dédiée à ses fans et le fait savoir sur tous les médias sociaux. Quand il a du temps, il les informe qu'il est disponible et le téléphone se met à sonner.

L'heure et demie qu'il a passée par accident à discuter avec des fans de l'UFC du monde entier n'était pas de l'esbroufe, et c'est l'une des raisons pour lesquelles la popularité de ce sport connaît actuellement une ascension exceptionnelle, selon Greg Ferenstein, du site d'actualité Mashable[2]. Dès le départ, White a utilisé les médias sociaux pour communiquer avec les fans, et il a compté sur leur soutien lorsque les principaux médias ont censuré les tournois de l'UFC. Il a confié la communication virtuelle de la ligue à l'agence Digital Royalty et lui a demandé de former les combattants à l'utilisation des médias sociaux. Il a été très clair sur ce qu'il attendait d'eux : « Vous allez vous bouger le cul sur Twitter ! » Dana White est cash et direct : voilà le secret de sa réussite dans sa relation avec les fans.

Pour prouver la force de ce lien à un ami avec qui il dînait, ils sont sortis du restaurant et ont marché jusqu'à une station-service voisine à 23 h 30. Là, il a publié sur

---

1. Amy Jo Martin, « Celebrity Shares Phone Number with 4.3+ Million Fans », The Digital Royalty, 30 août 2010, www.thedigitalroyalty.com/2010/celebrity-shares-phone-number-with-4-3-million-fans

2. Greg Ferenstein, « How Dana White Built a UFC Empire with Social Media », Mashable, 8 juin 2010, www.mashable.com/2010/06/08/dana-white-ufc-social-media

Twitter l'endroit où il se trouvait. Une demi-heure plus tard, une centaine de fans les avaient rejoints.

Analysant la démarche de Dana White, Greg Ferenstein écrit: «La transparence, l'accessibilité et l'ouverture sont plus importantes que jamais à l'heure où les réseaux sociaux permettent aux fans de s'exprimer sans le filtre des médias traditionnels. White va à leur rencontre, prévenant toute mise en scène pour vraiment entrer en contact avec eux.»

Les médias sociaux sont un formidable moyen de découvrir ce qui stimule une personne, mais ce n'est jamais qu'un outil. Un leader doit nourrir le désir authentique d'en apprendre davantage sur les autres et d'agir en conséquence. Or beaucoup de mauvais dirigeants méprisent ce désir, de manière consciente ou non. À ce sujet, le psychologue Tim Irwin conclut:

> «Tout comme l'humilité semble être l'épicentre du leadership véritable, l'arrogance est en général à l'origine des échecs d'un dirigeant… et des nôtres. […] L'arrogance prend de multiples formes. La plus rudimentaire est l'égocentrisme, qui entretient la croyance que la vie de l'entreprise, du département ou de l'équipe tourne autour de soi. Le mépris pour la contribution des autres en est une conséquence inévitable. Quand l'arrogance tourne à l'orgueil démesuré, il en découle le sentiment que tout nous est dû. "Cet endroit ne fonctionnerait pas sans moi, j'ai donc droit à des avantages particuliers." Les dirigeants arrogants ont aussi tendance à éviter le feed-back si nécessaire à tout leader. Ils finissent par se couper de la réalité[1].»

---

1. Tim Irwin, «The Compass of a Leader», 21 décembre 2009, www.drtimirwin.com/annoucements/the-compass-of-a-leader

L'approche d'Yvon Chouinard, cofondateur, avec son épouse Malinda, de la marque de vêtements Patagonia, est bien différente. Il revendique fièrement le fait que son entreprise recrute des collaborateurs très indépendants – des gens « qu'une entreprise classique jugerait inemployables », comme lui ont dit plusieurs consultants en organisation. S'il se réjouit de ce non-conformisme, il présente toutefois un défi en termes de management : comment fédérer une équipe autour d'objectifs communs ?

L'organisation des bureaux de Patagonia est l'un des moyens de le relever : « Personne n'a de bureau à soi dans l'entreprise, tout le monde travaille en open space, sans portes ni cloisons [y compris les fondateurs]. Ce que nous perdons en "espace de réflexion" est plus que largement compensé par une meilleure communication et un climat égalitaire[1]. »

Maintenant, allons un peu plus loin et prenons le cas d'Admiral Janitorial Services, l'entreprise de nettoyage imaginée par Matthew Kelly dans son livre *The Dream Manager*. Le turn-over y est élevé et coûteux, ce qui n'est pas surprenant pour une entreprise qui emploie beaucoup de main-d'œuvre immigrée. Que faire ? D'abord, identifier la principale difficulté des employés. L'entreprise suppose que la première cause de turn-over est le salaire, mais une enquête révèle que c'est le transport. Beaucoup d'employés prennent les transports en commun, rudimentaires et même dangereux le soir. Que décident de faire les

---

1. Yvon Chouinard, *Homme d'affaires malgré moi*, Paris, Vuibert, 2006.

dirigeants ? Ils mettent en place un service de navettes. L'argent qu'ils y consacrent est largement rentabilisé par les économies engendrées par la baisse du turn-over : les employés restent deux fois plus longtemps, les arrêts maladie diminuent et le moral s'améliore.

Toutefois, les dirigeants veulent aller plus loin. Ils se demandent pourquoi les gens continuent de partir. Tout le monde sait que les postes proposés par l'entreprise n'offrent aucune perspective de carrière et ne font pas rêver. Ils ne peuvent rien changer à cela, mais ils se disent qu'ils peuvent aider les employés à réaliser tant soit peu leurs rêves tout en travaillant chez Admiral. Ils décident donc de les interroger sur ce qu'ils rêveraient de faire. Étonnamment (ou peut-être pas), ils obtiennent des réponses. L'entreprise détient alors une information capitale dont elle a le moyen de se servir. Un employé souhaite apprendre l'espagnol ; un autre, qui se trouve être hispanophone, aimerait donner des cours. L'entreprise les met donc en contact. Certes, cette histoire est une fiction, mais le scénario semble-t-il improbable ?

Pourquoi ne pas découvrir à quoi rêvent vos collègues, vos employés, vos amis et les membres de votre famille ? Vous auriez entre les mains des éléments capitaux pour impulser une dynamique grâce à laquelle les personnes de votre sphère d'influence et vous-même accompliriez ce que vous désirez.

Savez-vous ce qui motive ceux qui vous entourent ? Vous disposez de moyens simples de le découvrir. Et une fois que vous avez cette information, il n'est pas difficile de relier leurs envies aux résultats que vous souhaitez obtenir :

1. Soyez sincère. Ne promettez rien que vous ne puissiez offrir.

2. Mettez-vous à la place de la personne. Demandez-vous ce qu'elle veut vraiment.

3. Imaginez les bénéfices qu'elle peut retirer en accomplissant ce que vous lui suggérez.

4. Faites que ces bénéfices correspondent à ses attentes.

5. Quand vous présentez votre demande, formulez-la de telle manière que la personne comprenne qu'elle va en retirer un intérêt personnel.

Plus vous en savez sur les autres et plus ils en savent sur vous, plus il vous sera facile de trouver un terrain d'entente sur lequel construire une future coopération. Maintenir le lien avec ses clients dans le monde numérique est une question qui occupe les soirées de beaucoup de dirigeants, explique Richard Branson, le célèbre fondateur du groupe Virgin, récemment élu « homme d'affaires britannique le plus influent » :

> « De la capacité des entreprises à s'adapter à ce monde frénétique et parfois chaotique dépendront leurs succès futurs. Dans un budget de communication, le site Internet, la page Facebook, le blog et le fil Twitter ne sont plus des postes annexes : ils doivent être au cœur de la stratégie marketing, et il faut les utiliser en lien avec les autres leviers[1]. »

---

1. Richard Branson, « Richard Branson on "Social Relations" », *Entrepreneur*, 8 février 2011, www.entrepreneur.com/article/218098

La clé, dit Branson, est de ne pas utiliser les médias virtuels uniquement à des fins commerciales : ils doivent aussi servir à communiquer. Dans le monde connecté qui est le nôtre, l'exigence d'un lien immédiat et constant entre les entreprises et leurs clients ne doit pas être l'exception, mais la règle.

> « La montée en puissance des médias sociaux nous a forcés à remettre en question notre manière traditionnelle de travailler. [...] Pour aboutir, de tels efforts doivent être portés au plus haut niveau de l'entreprise. David Cush, PDG de Virgin America, a sorti les responsables des médias sociaux du carcan hiérarchique de l'entreprise. Son équipe est constituée de collaborateurs d'une vingtaine d'années, à qui il a fixé des objectifs généraux et qui ont toute latitude pour les atteindre[1]. »

Ces *« digital natives »* – ils sont nés avec Internet – ont mis Facebook et Twitter au cœur de la stratégie de communication de Virgin. Cela leur a donné l'occasion de mener une campagne marketing originale qui a connu un grand succès.

Sur la côte Ouest des États-Unis, beaucoup de refuges pour animaux sont bondés de chihuahuas, ce qui restreint les chances de ces petits chiens de trouver une famille d'accueil. L'ASPCA, la société américaine de protection des animaux, s'est saisie du problème et a contacté Virgin America, demandant l'aide de la compagnie aérienne pour transporter des chiens de San Francisco à New York. Virgin a tout de suite accepté,

---

1. *Ibid.*

mettant même à disposition plusieurs membres du personnel pour escorter les petits passagers.

L'équipe en charge des médias sociaux a relayé cette histoire sur tous les canaux de communication virtuelle de Virgin. « Ça s'est répandu comme une traînée de poudre, explique Branson, et les médias traditionnels s'y sont intéressés – ce qui a braqué les projecteurs sur l'ASPCA et la contribution de Virgin Atlantic. Nous avons ensuite utilisé cette opération comme base d'une campagne de promotion pour la vente en ligne de billets à destination de Mexico, qui a très bien fonctionné. »

Les rôles traditionnels du marketing, de la publicité et de la relation client ont évolué. Le rôle du leader doit changer, lui aussi. À l'heure de la communication ouverte et permanente, les anciennes règles de fonctionnement des entreprises se sont largement écroulées au profit des principes fondamentaux des relations humaines. Aujourd'hui, si vous ne savez pas vous faire des amis et influencer les autres d'une manière sincère et constructive, non seulement vous aurez du mal à suivre le rythme imposé par vos clients, mais vous aurez du mal à retenir vos collaborateurs.

L'époque des dirigeants enfermés dans leur bureau du dernier étage est bel et bien révolue. En vérité, elle n'a jamais existé pour les vrais leaders – ni en 1936, ni plus tard. Mais aujourd'hui, alors que le contact non-stop est la norme, la distance a des conséquences plus palpables en matière de leadership. L'éloignement physique n'est pas le plus important. C'est la proximité relationnelle qui compte.

S'il est, à la rigueur, possible de nourrir une relation constructive en se voyant très peu, personne ne saurait renforcer sa capacité d'influence sans proximité relationnelle.

Dans le monde actuel, les affaires tournent vingt-quatre heures sur vingt-quatre, c'est vrai. Mais votre première préoccupation doit rester l'humain. Les plus belles aventures sont et seront toujours des histoires d'interdépendance et d'interaction.

Au bout du compte, l'art de se faire des amis et d'influencer les gens à l'ère numérique se résume à trouver un terrain d'entente pour établir un lien et le maintenir.

Le Livre de Poche s'engage pour l'environnement en réduisant l'empreinte carbone de ses livres. Celle de cet exemplaire est de :

600 g éq. CO_2

Rendez-vous sur
www.livredepoche-durable.fr

PAPIER À BASE DE
FIBRES CERTIFIÉES

Composition réalisée par PCA

———————

Achevé d'imprimer en novembre 2019, en France sur Presse Offset par
Maury Imprimeur – 45330 Malesherbes
N° d'imprimeur : 240876
Dépôt légal 1re publication : septembre 2014
Édition 07 - novembre 2019
LIBRAIRIE GÉNÉRALE FRANÇAISE – 21, rue du Montparnasse – 75278 Paris Cedex 06